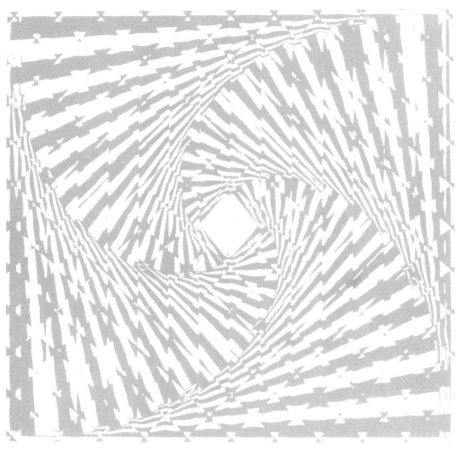

保育内容

造形表現の指導〔第4版〕

村内 哲二　編著

川上 哲夫・九津見　優・熊田 藤作・田中 陽子
原　健爾・久田　淳　　　　　　　　共著(50音順)

建帛社
KENPAKUSHA

子供の造形表現

描いて遊ぶ

　　子どもは絵を描いたりものを作ったりする造形的な活動が大好きである。まず大切なことは、自分の表現したいことを思いのままに表現させ、表現する喜こびや自信をもたせることである。

（保育者の用意したいたずら描きコーナーで）

描画と発達

子どもの育ちにそって、表現の内容も変り、色の数も増える。
（第4章参照）

おうちの人
（3歳）

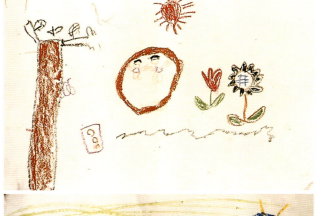

お兄ちゃんと
プールに入った
（4歳）

おでかけ
（4歳）

海水浴（5歳）

妹とおつかい（6歳）

お祭りの絵（5歳・集団画）

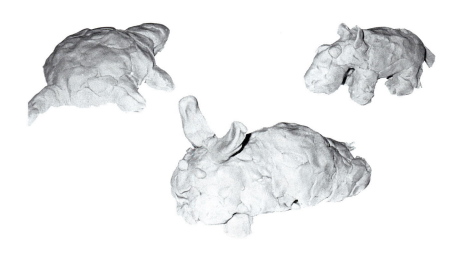

粘土の動物たち（5歳）

は　し　が　き

　表現とか表現活動といっても，そこにはいろいろな表現方法（表現形態）が挙げられる．例えば，言語表現，身体的表現，音楽表現，造形表現などである．本書では，幼児教育における表現の指導で，とくに絵を描いたり，ものを作ったりする造形表現を中心として取上げた．

　幼児期は，元来は絵を描いたりものを作ったりする造形活動が，非常に活発であり，子どもの取り組みも意欲的である．したがってその指導にあたっては，幼児に喜びと自信をもたせながら，よりよい感性を育てるとともに，内容の豊かな表現に高めるように，心身の成長発達に即しながら援助していかなければならない．

　いうまでもなく幼児期は，まだ人間として未分化的な段階であるから，造形的な活動の指導も，こうしたことを充分わきまえて，全体的・包括的にとらえつつ造形的表現能力を伸ばすようにせねばならない．

　本書では，いろいろな絵の描き方とかものの作り方なども記してあるが，単に造形的な活動だけが独走したり，技術的なことのみを追い求めるような狭い範囲の美術教育を考えてはいけない．しかし幼児教育にたずさわる指導者としては，しっかりとした理論をもち，また造形表現についての豊かな感性・技術の持主であってほしいと念じているのである．

　幼児期における表現の教育，とくに造形表現の指導について，研究にたずさわっておられる方々，また現場で実際に指導にあたっておられる方々にとって，本書がお役に立つことができれば，誠に幸甚と思う次第である．

　　　　　　　　1991 年 2 月　　　　　　　　　　村内　哲二

平成29年3月31日告示『幼稚園教育要領』を付録とし，「第4版」を刊行します。「第3版」にも増してご活用いただければ幸いです。

　2018年12月

建帛社編集部

目　次

第1章　領域「表現」のねらいと内容 ……………………………………(1)

　　1　表現の本質 ……………………………………………………1

　　2　幼児期と表現の教育 …………………………………………2

　　3　領域「表現」のねらいと内容 ………………………………3

第2章　造形表現の特質 ……………………………………………(5)

　　1　表現の分類 ……………………………………………………5

　　2　造形表現の特質 ………………………………………………6

第3章　幼児期と造形表現の特質 …………………………………(8)

　　1　幼児期と造形表現 ……………………………………………8

　　2　造形表現の指導のねらい ……………………………………9

第4章　子どもの造形表現能力の発達………………………………(11)

　　1　幼児の成長発達と造形表現 …………………………………11

　　2　造形表現能力の発達段階について …………………………13

　　3　外国における児童画の研究 …………………………………21

第5章　造形表現の内容と指導………………………………………(25)

　　（造形的な遊び）

　　　1．砂遊び …………………………………………………………28

　　　2．積み木で ………………………………………………………30

　　　3．自然物で遊ぶ …………………………………………………32

　　　4．紙で遊ぶ ………………………………………………………34

　　　5．空箱，空容器などで …………………………………………36

　　（絵で表わす）

　　　6．好きな動物（クレヨン・パス）……………………………39

　　　7．お話の絵（絵の具・コンテ）………………………………42

8．生活の中から（コンテ） ……………………………… 44

9．線で描く ……………………………………………… 46

10．ゆび絵（フィンガーペインティング） ……………… 48

11．あわせ絵（デカルコマニー） ………………………… 50

12．にじみ絵 ……………………………………………… 52

13．型押し版画 …………………………………………… 54

14．スチレン版画 ………………………………………… 56

15．はじき絵 ……………………………………………… 58

16．吹き散らし …………………………………………… 60

17．紙版画 ………………………………………………… 62

（いろいろな飾り）

18．石や貝を並べて ……………………………………… 64

19．おめん ………………………………………………… 66

20．吊るす飾り …………………………………………… 68

21．身につける飾り ……………………………………… 70

22．箱やかんを飾る ……………………………………… 72

（作　る）

23．粘土を使って ………………………………………… 74

24．いろいろな動物（粘土を主に） …………………… 76

25．紙粘土 ………………………………………………… 78

26．新聞紙などを使って ………………………………… 80

27．紙の袋を使って ……………………………………… 82

28．空箱の利用 …………………………………………… 84

29．身の回りの材料を使って …………………………… 86

30．こいのぼり …………………………………………… 88

31．手さげ袋やかご ……………………………………… 90

32．動くおもちゃ ………………………………………… 92

（みんなで力をあわせて）

33．大きな絵を描く ……………………………………99

34．大きなものを空箱で作る ………………………102

35．園行事の中で …………………………………104

第6章　指導の計画・方法・留意点 ………………………（106）

1　指導計画の必要性とその意義 ……………………106

2　指導計画の基本 ………………………………107

3　望ましい指導のあり方 ………………………110

4　指導の過程（指導の段階） …………………113

5　個人製作と共同製作 …………………………116

第7章　材料・用具の種類と扱い方 ………………………（117）

1　造形表現の材料・用具について ……………………117

2　絵の具類 …………………………………………118

3　紙類 ……………………………………………119

4　粘土類 …………………………………………120

5　木材・その他 …………………………………121

（付・「幼稚園教育要領」全文）

第1章　領域「表現」のねらいと内容

(1)　表現の本質

　表現ということは，簡単にいうならば「あらわす」とか「しめす」ということである．そしてあらわすということ，つまり表現の方法とか手段といったものにはさまざまなものが挙げられるが，いずれにせよ表現という営み（作用，行為）は，わたくしたち人間だけに行われる営みであるということができるのである．

　人間を他の動物と比較して，「人間は，考える動物である」とか，「人間は手をもつ動物である」とか，「人間は2本足で立つことのできる動物である」などといわれているが，「人間は，表現ということのできる動物，表現の世界をもつ動物である」ともいうことができる．

　わたしたちは，表現することによって，自分の意志とか感情といったものを他に伝えるとか表すということができるわけだし，また反対に他からの表現を受け入れる（受けとめる）ことによって，他からの意志とか感情を汲みとることができるわけである．

　また同時に，そこには表現の手段・方法としてさまざまなものが存在する．いずれにせよ，人間生活にとって，表現は欠かすことのできない重要な意味と役割りをもっている．

　このように表現ということは，わたくしたちにとって，極めて大切な世界であり，わたくしたちは表現の世界の中に生活をしているといっても過言ではないであろう．

　したがって，教育の世界にあっても，表現ということへの教育，表現力をつけるということへの教育は，昔から行われているし，現代にあっても極めて重

要な役割り・意義をもつ教育といえるのである．

(2) 幼児期と表現の教育

　人間の生涯の中で，幼児期という段階は，身体的にも精神的にも，その他いろいろな能力的な面において，いちじるしく成長発達していく段階ということができる．

　幼児教育は，こうした急速に成長発達していく過程にあって，その実態に即しながら，望ましい成長を図ろうとするものである．したがって，あくまでも主体を一人ひとりの幼児におき，幼児の特性にあった基本的なことがらを教育し，望ましい幼児の成長発達を願うものである．

　表現の教育も，こうした幼児教育の基本にたって，あせることなく，またかたよることなく，正常な発達を図るように考えなければならない．

　表現ということは，前にも記したように，簡単にいえば「あらわすということ」であるが，しかしただ単に「あらわす」ということだけでは，真の意味での表現とはいえない．たとえば，声を出して泣くとか笑うということや，驚きの声を出すというのは，一種の生理的な自然現象とみることができる．それはここでわたくしたちがいう表現ということとは別である．

　また，同じ表現であっても，全く他の"まね"をする場合も，これも真の意味での表現とはいいにくい．

自然と造形
　遊びの中で，棒の先で土に絵を描く子どもの姿

たとえば，オウムとかインコなどの鳥は，何度も何度も同じ言葉を繰り返して教えると，しまいにはそのとおりにしゃべることができるようになる．このような場合，表現には違いないが，しかし真の意味での表現とはいえない．この本で考えたい表現は，主体的に，表現しようとする者が，表現しようとする内容を，表現したい方法・手段によって外に表すものである．

(3) 領域「表現」のねらいと内容

　幼稚園教育の基準を示すものとして，文部科学省から『幼稚園教育要領』が示されているが，現行のものは去る平成29年3月に告示されている．それによるとまず幼稚園教育の基本ということで，次のようになっている．

a　幼稚園教育の基本
　1．幼児は安定した情緒の下で自己を十分に発揮することにより発達に必要な体験を得ていくものであることを考慮して，幼児の主体的な活動を促し，幼児期にふさわしい生活が展開されるようにすること．
　2．幼児の自発的な活動としての遊びは，心身の調和のとれた発達の基礎を培う重要な学習であることを考慮して，遊びを通しての指導を中心として第2章に示すねらいが総合的に達成されるようにすること．
　3．幼児の発達は，心身の諸側面が相互に関連し合い，多様な経過をたどって成し遂げられていくものであること，また，幼児の生活経験がそれぞれ異なることなどを考慮して，幼児一人一人の特性に応じ，発達の課題に即した指導を行うようにすること．
　上記のような幼稚園教育の基本に基づき，幼稚園の教育課程の内容の編成は，次の5つの領域から成り立っている．
　心身の健康に関する領域として「健康」，人とのかかわりに関する領域として「人間関係」，周囲の様々な環境とのかかわりに関する領域「環境」，言葉に対する感覚や言葉で表現する力を養う領域「言葉」，そして感性と表現に関する領域「表現」である．

さらに「表現」の領域のねらい及び内容として，次のように示されている．

b　表　　現

感じたことや考えたことを自分なりに表現することを通して，豊かな感性や表現する力を養い，創造性を豊かにする．

1　ねらい

(1)　いろいろなものの美しさなどに対する豊かな感性をもつ．

(2)　感じたことや考えたことを自分なりに表現して楽しむ．

(3)　生活の中でイメージを豊かにし，様々な表現を楽しむ．

2　内　　容

(1)　生活の中で様々な音，形，色，手触り，動きなどに気付いたり，感じたりするなどして楽しむ．

(2)　生活の中で美しいものや心を動かす出来事に触れ，イメージを豊かにする．

(3)　様々な出来事の中で，感動したことを伝え合う楽しさを味わう．

(4)　感じたこと，考えたことなどを音や動きなどで表現したり，自由にかいたり，つくったりなどする．

(5)　いろいろな素材に親しみ，工夫して遊ぶ．

(6)　音楽に親しみ，歌を歌ったり，簡単なリズム楽器を使ったりする楽しさを味わう．

(7)　かいたり，つくったりすることを楽しみ，遊びに使ったり，飾ったりなどする．

(8)　自分のイメージを動きや言葉などで表現したり，演じて遊んだりする楽しさを味わう．

本書ではとくに，上記のようなねらいや内容をもつ領域「表現」の中で，描いたり作ったりして表現する「造形表現」について具体的に考えてみたい．

第2章　造形表現の特質

(1) 表現の分類

　感性による表現とか心情的表現などと一口にいっても，そこには表現の手段（方法）として，いくつかのものがあげられる．表現方法の分類とか類型といったいい方をすると幼児期の世界では大げさになるが，まず第1に挙げられるのは，言語的表現である．人間の生活においては，言語的表現は，非常に大きな役割りをもつものといえる．文部科学省の示す『幼稚園教育要領』では，領域として「言葉」というのがある．そこでこの本で「表現」を考えるときには，主に次の3つを表現の手段・方法として取りあげることにしたい．

(1)　音楽的な表現
(2)　造形的な表現
(3)　身体的な表現

　上記の3つの表現は，それぞれ特質・特徴というものをもっている．
　音楽的な表現は，いうまでもなく音を通しての表現であるが，音を通しての表現にもさまざまなものが考えられる．簡単な・単純な・記号的な音による表現から，芸術的な音楽としての表現もある．もちろん幼児教育にあっては芸術的な音楽表現と

幼児と遊び
　　遊びの中に，造形活動が展開されている

いうことは考えられないが，音で表すとか，音を楽しむということは，人間の生活にとって重要な役割りをもつものといえる．また身体的な表現，動作とか身振りなどによって，人間は意志や感情を表現する．時によっては音声を使って行われることもあり，あるいは時によっては造形的な表現や音楽的な表現と同時に総合的な表現活動として行われることもある．

ところで造形的な表現であるが，これは何か物質的な素材（材料）を用いて，形になるものとして表現するわけで，ここが音楽的表現や身体的な表現と異った大きな特色をもつものといえるのである．

絵で表わす

ぼくの家の「ねこ」（クレヨン）

おうちの人

ようすがよくとらえられている（クレヨン）

(2) 造形表現の特質

造形表現ないしは造形表現活動というのは，具体的には絵を描くとか，粘土で作るとか，紙を用いて何かを作るとか，いろいろな飾りものをするとかといった活動であるが，こうした造形表現の特質（特徴）は何かといえば，簡単に

(2) 造形表現の特質

いうならば，物質的な素材（材料）を用いて，それを可視的に表現するということである．紙とか土とか木とか，自然物や人工物などさまざまな物質的な素材（材料）を用いて，鉛筆・クレヨン・絵の具・はさみ・のり・その他いろいろな用具を使って表現するのである．眼で見ることの形として表現されるわけであるから，造形表現のことを視覚表現ともいうのである．音楽表現とか音というものは，眼で見ることはできないが，造形表現は眼で見えることが大きな特質（特色）といえる．

ところで人によっては，造形というと立体的な形をつくることと解釈し，すなわち工作（製作）は造形の中に入るが，平面的な絵とか模様などは造形の中に入らないのではないかという人がいるが，これは間違いである．なぜなら造形というと，確にその文字が示すように形を作るというわけではあるが，何も形というものは立体的な形だけではない．形には，立体形もあれば平面形もあるわけで，したがって工作（製作）のような立体的なものはもちろんのこと，絵のような平面的なものも当然造形の中に入るわけである．

人間の生活にとって，色や形などで表すということは，極めて具体的・現象的であり，こうした意味から造形表現は，他のいろいろな表現の世界（表現方法）と異った独自な世界をもつもので，わたくしたちの生活にとって重要な役割をもっているのである．

立体的に表わす

　　粘土を用いて，好きな動物を作る

第3章　幼児期と造形表現の特質

(1) 幼児期と造形表現

　幼児期にあっては，造形活動，すなわち造形表現するということが非常に活発である．人間の生涯の中で，絵を描いたりものを作ったりするようなことを専門の職業とする人は別であるが，普通一般の人にあっては，青年期・成人期あるいは老年期などと比較してみて，幼児期は，絵を描くとかものを作るということに非常に積極的・活発的である．また，幼児の生活のほとんどが遊びにつながるが，この遊びには造形的な要素がきわめて多く存在している．

　幼児期においては，抽象的な思考といったものがまだ発達していない．そこでどうしても具体的な実在的な「もの」を媒体として，コミニケーションが成立する．たとえば「砂遊び」とか「積み木遊び」においてもそうであるが，幼ない子どもたちが砂場で手や洋服などをドロドロにして楽しく遊んでいる．そしてその遊びの中で，手で丸くこねておだんごを作り「さあ，どうぞ」と差し出して，ムシャムシャと食べるまねをしたり，あるいは山を作ってトンネルを堀ったり線路を作ったりして，そして木片をその上で押して鉄道のまねをするといった姿がよく見られる．これらは，みんな造形的な要素の

砂場で遊ぶ子ども
トンネルを堀る喜こびに夢中である

(1) 幼児期と造形表現　　　　　　　　　　　　　9

かわいい手つきで作る子ども

　幼児は造形表現がきわめて活発であり，積極的である．

ある遊びである．子どもたちの世界で重要な役割を果たす「絵本」も，造形という観点から次のように位置づけられる．たとえばわれわれ大人の世界において，本を読むという時には，印刷されているいわゆる活字を読むわけである．活字に眼を通すことによって，そこからいろいろな思想とか，情景・内容などを汲み取るわけである．大人の読む本に絵が入ってくる場合もあるが，しかしそれは活字（文字）だけではどうしても説明の徹底し難いとか，理解し難い場合に図とか絵が必要とされる．あるいは絵などは本当はなくともよいのかも知れないが，情趣をそえるというか，アクセサリー的な存在としてかかげられている場合もある．

　ところが幼児の世界における絵本にあっては，絵が主体であり，幼ない子どもたちは絵を読んでいるのである．子どもたちは，童話とかその他いろいろな内容を，絵本の絵から視覚的に汲み取っている．そう考えると，幼児の世界にあって，造形的な表現というものは，表現の手段として，媒体として，コミュニケーションとして欠かすことのできない重要な役割をもつのである．

(2) 造形表現の指導のねらい

　第1章のところで，幼稚園教育の基本とか表現のねらいについて記したが，こうしたことを受けて，とくに造形表現の指導という立場から考えると，ねらいとして大きく次の3つを挙げることができる．

(a) 創造的な表現力を身につけさせる

子どもというものは，絵を描いたりものを作ったりする造形的な表現ということに対して，本来は極めて積極的・活発的である．そこでまず大切なことは，自分の表現したいものを，自由に，思いのままに表現させてやり，表現するということに対する喜びとか自信をもたせるようにしたい．保育者はじょうずに表現するとか，技術的にうまいということに，決してとらわれないようにしなければならない．大切なことは，他人のまねをして表現をするというのではなく，自分の表したいものを，自分が思っているように自分で表現するという創造的な表現力を養うことである．

(b) 美しいものに興味や関心をもたせるようにする

観賞力を養うといういい方をするとむずかしくなるが，美しいものを見てだんだんと美しさとかそのもののよさがわかるようになるということは，きわめて重要なことである．美しいものに対して興味や関心をもたせ，感性を豊かにさせることが必要である．決しておしつけにならぬよう留意し，子どものものの見方・考え方を尊重するようにしつつ，豊かな心情・感性を育てるようにしたい．

(c) いろいろな材料や用具を使う経験をさせる

材料や用具には，いろいろな種類があり，またそれらの適切な扱い方がある．とくに安全性ということに留意しつつ，望ましい態度・習慣といったものも身につけさせたい．

空箱を使って

子どもの表現力は独創的

第4章　子どもの造形表現能力の発達

(1) 幼児の成長発達と造形表現

　幼児の教育にあたって，最も基本的に考えなければならないことは，子どもの成長発達の実態に即して，適切な援助や指導をしていくということである．子どもを中心に考え，子どもの成長発達に即して教育を考えるということは，現代の教育における基本原理であり，過去の時代の教育に比して，現代の教育の特質（特徴）とでもいえるのである．

おうちの人　　　（4歳　水彩絵の具）

　子どもは，この世に産まれてから，身体的にも精神的にもその他いろいろな面において，少しずつではあるが絶えず成長発達をしていく．もちろんそこには先天的に，あるいは後天的にそれぞれ個人差というものがあるが，しかしほとんどが望ましい方向へと発展していくのである．したがってこうした成長発達していく子どもをよく見つめ，その実態や要求に即して教育ということを考えていかなければならない．

　特に絵を描いたり，ものを作ったりする造形表現の活動においては，子どもが頭の中で考えている表現しようとする内容が，子どものもっている表現の方法とか手段によって外に表される活動であるから，それだけに特に子どものもっている精神的，あるいは知的な発達とか身体的な成長発達をよく見つめてそ

第4章　子どもの造形表現能力の発達

考えながら作る子ども
——子どもには無限の可能性がひそんでいる

れに即するように考えていくことが重要なのである．

　だいたいどの子どもたちも，個人的な差はあるものの同じような成長発達の過程をふんでいくということがいえる．心身の成長発達過程というものは，乳幼児から大人になるまで一定の順序，あるいは一つの決った段階というものをふんでいく．すべての人間が，全く同じ速さ（スピード）で発達していくわけではないが，教育を行うにあたって，こうした人間の成長発達の過程（段階）をわきまえておく必要があるといえよう．

　年令的に発達段階の程度とか内容をみる場合，同じ年齢でも，非常に成長発達の進んだ子どももいるが，またその反対に遅れている子どももいる．それ故に，何歳だからこういう度合いの成長発達であるとか，何歳何か月だからこの程度の段階だというように，年齢だけで単純に断定してはいけない．また子どもによっては，ある面は非常に発達しているが，その反対にある面（部分）においては発達が遅れているといったように，人によって発達の度合とか，発達の傾向（特色）といったものがある．したがって，子どもの真の姿を全体的に的確にとらえ，それに即した教育のあり方を考えていくようにしたい．

　本書では，とくに造形的表現の指導に焦点をおいているため，幼児の一般的・全般的な成長発達については省略するが，その必要性は強調しておきたい．

⑵　造形表現能力の発達段階について

　幼児期における造形表現の能力は，大きく２つに分けて，絵を描く能力すなわち描画能力と，ものを作る能力すなわち製作能力とに分けることができる（飾るということについての能力も区分して考えられないこともないが，ここでは上記の２つに分けて考えることとする）．

　描画能力も製作能力も，造形表現能力として，同じ人間の内にもつ能力であるから，本来は同一のように思われるが，実際には多少異なるのである．いうまでもなく描画能力は，ノートとか画用紙などの上に，鉛筆・クレヨン・パス・絵の具などを使って絵を描く能力である．製作能力というのは，紙・粘土・木片・空箱・自然物・その他を用いて作る（構成する）というわけであるから，表現としての形態も違うし，また表現の技術的なものも異なるわけである．一般的な傾向としては，幼児期にあっては，製作能力よりも描画能力の方がやや進んだ発達をするものといえる．

　このような造形的表現能力は，どのように発達していくかということについての研究が，今日まで多くの心理学者や教育学者によって行われている．そしてこれらの研究の結果（結論）は，研究者によって多少発達の段階の区分のしかたが異ったり，発達段階の名称のつけ方が異ったりするが，しかしだいたい同じような結果をみることができるのである．またこうした研究はわが国だけではなく，外国においても多く行われている．そうした研究の結果をみても，わが国のものと外国のものもほぼ同じであって，したがって絵を描く内容（題材）はその国その国によって異なるが，子どもの表現能力の発達はよく似ているといえるのである．

　そこで一般的な描画能力の発達段階について述べておこう．

1.　なぐりがき期（錯画期）１〜２歳

　描画能力の発達段階として，まず最初にみられる段階である．錯画期ともいわれる．図に示すような絵を描くわけであるが，こうした絵は外国の子どもた

第4章 子どもの造形表現能力の発達

なぐりがき期の作品
意味とか目的をもたない
　　　（1歳半　女児）

「なぐりがき期」の作品
　前図よりも，多少何かの意味をもっているように思われる．
　　　（2歳　男児）

ちも同様であって，外国ではスクリブル（Scrible）といわれ，これを日本語訳にして搔画期ともいわれている．

　わたくしたちは，絵を描く能力の発達段階の第1段階（初期の段階）として扱っているが，何を描こうとしているのか，その目的とか表現の意図といったものは全くない（描く本人自身に，無いわけである．鉛筆とかクレヨンなどを持って，その手を動かすと跡が残るとかしるしづけることができるということに興味をもつものといえる）．

　このなぐりがき期よりも，それ以前の段階（状況）といえば，幼児に鉛筆とかクレヨンなどを持たせると，それを口の中にほり込んでみたり，折ろうとしたり，投げつけてみたりするし，紙の場合にはその紙をビリビリと破ってしま

ったりグチャグチャと丸めてしまったりで問題にならないのである．

　なぐりがき期とか錯画期という段階にあっての子どもの絵の特徴は，なぐりがきとか錯画という文字が示しているように，鉛筆とかクレヨンなどを手にした幼児が，気のおもむくままに（しっかりとした表現の意図とか目的・構想といったものをもつのではなくて），紙の上にそれを走らせたものである．

　線で表し，また面で表すということができない．しかもその描かれた内容は，線を上下に，あるいは左右に，あるいは円形にという描き方であり，内容的には意味をもたない絵なのである．したがってそれは絵というよりも，一種の筋肉的な運動の跡のようなものともいうことができよう．

　しかし，こうした線描きの意味のない「なぐりがき」も，子どもが成長発達するにしたがって，色数も2色・3色と用いるようになってみたり，次第に目的のある（目的をもった）線描きへと，変化していくのである．

2．線描きによる象徴期　　2〜3歳

　2歳，3歳……という年齢は，ここではおよその年齢（だいたいの年齢）である．先にも記したようにこうした成長発達に関しての年齢は個人差があるわけである．たとえば2歳といっても，成長発達の早い子どもは(2)の線描きの段階に入るし，そうではない子はまだ(1)のなぐりがき期の段階にあるというわけである．

　線描きによる象徴期というのは，つまり線だけで絵を描いて，まだ面という

線描きによる象徴画
説明を聞くと，なるほどとわかる
（2歳半　男児）

第4章　子どもの造形表現能力の発達

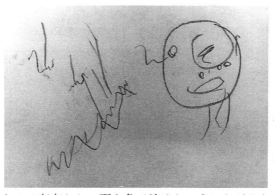

お父さんが煙草を吸っているところ
左の方は煙
（2歳半　男児　クレヨン画）

ものの存在とか，面を色で塗るということがみられないのである．だいたい何を描こうとしているのか，線を見ただけでおよその判断はつくのだが，まだよく分らないといった絵が多い．描いた子どもに説明を求めるとそれぞれがちゃんと理由があり，成程とうなづかされることも多い．

　この時期の子どもたちは，線描きによる象徴期といっても，実際にはパパやママなど人間を描き表わすことが多い．しかも頭（顔）を丸く大きく描き，そこから2本の足をチョロチョロと描いているのが多い．頭と足だけの人間というところからよく頭足人間と呼ばれる．この頭足人間もだんだんと子どもが成長するにつれて，手や足の先に指を描くようになったり，長四角の胴体を描くようになったり，パパとママを色を違えたりなどしていくようになる．

3．そのものらしく描く象徴期　　3〜5歳

　この段階では，だいぶ絵らしくなってき，子どもの描いたものを見ただけで，だいたい何を表現しようとしているのかが分るようになってくる．

ぼくのママ

（2歳半　男児）

(2) 造形表現能力の発達段階について　　　　　　　　　　17

　子どもが表そうとする内容とか，ことがらはだいたい分かるのであるが，しかし絵としてはまとまりがなくて，描きたいものがそれぞれバラバラに描かれているといった具合である．いわば，羅列的・並列的に画用紙の上に置かれているといった感じである．ものの大小とか，上下とか，遠近とか，ものとものとのかかわりとか関係といったものはなく，自分が表したいというものが並べて描かれているといった絵である．

おうちの人と遊園地に遊びにいった
　　　　（3歳半　クレヨン）

お歌をうたっているところ
（人物の左と右に，音符を描いている）
　　　　（4歳半　クレヨン）

第4章　子どもの造形表現能力の発達

だい好きなポチをつれてお散歩
しているところ
　　　（4歳半　女児　クレヨン）

おうちの人とお出かけ
　　　（4歳　女児　水性フェルトペン）

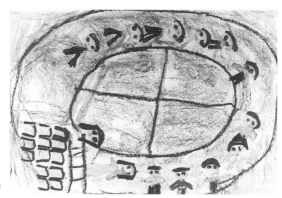

うんどうかい
　　　（5歳　女児　クレヨン）

絵の内容について，描いた本人に説明を求めると，そこにはいろいろと説明（解説）がついていて，なるほどとうなづけるのである．

この時期あたりから，幼児は絵を描く表現の楽しさ・おもしろさといったものを持つようになり，同じような絵を何枚も描いてみたり，得意とする絵を描くようになったりする場合が多い．

4. 図 式 期　5〜9歳

図式期の「式」というのは，型とか形式をいうわけで，つまり絵を描く時に人物・家・樹木・花・動物・太陽・空・雲などの表し方が，その子ども独特の描き方，表し方のタイプ（様式）になっているものをさす．その子ども独特の（特有の）描き表し方で，いつも決った形（ないしは色）で描くことになり，シェーマ（図式）と呼ばれる．

絵としては，幼児画としての特徴がいろいろと見られ，その子どもの表現意欲とか，内容がよく表され，楽しい特徴がよく表されている．色数も，各種の色を使用することができるようになる．

しかし絵を描く時に，形だけでなく，色の扱いにおいても，樹木はこの色，建物はこの色，空はこの色といったように，固定化した頭の中で決めてある色を用いることが多い．表現される内容としては，自分の生活経験（生活体験）が絵に表現される．つまり見たこと，したこと，聞いたことなど，自分が知っているもの（頭の中にあるもの）を，自分中心に表現するというのが特徴である．

お庭でなわとびをしているところ

　　（5歳　女児　クレヨン）

第4章 子どもの造形表現能力の発達

わたしのママ
（7歳　女児　クレヨン）

おうちの人とお出かけ
（6歳　女児　クレヨン）

おねえさんとお洋服
　夏スタイル
　秋スタイル
　冬スタイル
（8歳　女児　クレヨン）

(3) 外国における児童画の研究

先にも記したように，外国においても児童画の発達段階についての研究はたくさんある．むしろわが国よりも，外国の方が早くから行われていた．

たとえばドイツのケルシェンシュタイナー（G. Kershensteiner）が，すでに1900年の初頭において，数多くの子どもの絵を集め，長年の月日をかけてそれを分析し，統計的に研究したのは有名である．

その他，リュケ（G. H. Lequet）の研究，エング（H. Eng）の研究，リード（H. Read）の研究，近年ではケロッグ（R. Keroge）の研究などがある．

またよく引用される有名な研究として，ローエンフェルド（V. Lowenfeld）の研究がある．ローエンフェルドは，アメリカのペンシルバニア州立大学の教授で美術科教育を専門としていた．彼は1947年に"Creative and Mental Growth"『創造的・精神的な発達』と題する書物の中で，描画能力の発達段階の研究を発表している．次にその概要を紹介してみよう．

a　ローエンフェルドの研究
1.　**錯画期　　2〜4歳**
　自己表現の諸段階ともいわれている．この錯画期を，さらに次の4つに分けられる．
① 　無秩序
② 　たてよこ描き
③ 　円形描き
④ 　意味づけ

グルグルと1色でかいた錯画期の作品　　　（1歳）

2. 前図式期　4〜7歳

この段階は，最初の再現試行ともいわれる．象徴的に図式的に表現する最初の段階である．子どもは，自分の考えを伝達せんがために，記号として図式的に描く．

おかあさん
（3歳　男子　クレヨン）

お庭
（5歳　女児　水彩絵の具）

キリン
（5歳　男児　クレヨン）

3. 図式期　7〜9歳

形成概念の成就期ともいわれる．図式的な表現の中に意味を表わし，特徴や，主観を強調する．

(3) 外国における児童画の研究　　　　23

ピクニック
（7歳　女児　クレヨン）

せんせい
（7歳　男児　クレヨン）

4. 初期写実の時期　　9～11歳

　写実の曙光とか，集団期ともいわれる．心理学的には，ギャング・エイジ（Gang Age）とも呼ばれる頃である．仲間意識の芽生える時期で，ようやく図式的表現を脱し，実物のように描こうとしはじめる．

おかあさん
　よく見つめ，だいぶ特徴をとらえて描いている
（10歳　クレヨン）

5. 擬写実の時期　　11～13歳

　準写実期とか，論考期ともいわれる．実物らしく表現しようとするが，まだ充分に写実的に

表現することができない．凹凸や遠近感を表現しようとするが，大人の遠近感や陰影法によるものではなく子どもらしい工夫によってこれを表現しようとする．

児童画としての独特な味のある作品は，この時期のものに多い．

たてもの
だいぶ写実的な表現となっている

（12歳　男児　水彩絵の具）

6. 決意の時期　　15歳以後

創造的表現に行きづまりを感じ，多くの者が絵を描くことに興味を失うことになる危機の時期である．

この時期をどう打開していくかについて，今後，研究を必要とするわけであるが，ローエンフェルドは，視覚型・触覚型の2つの型のあるのを発見し，この視点から打開策を提案している．

彼によると，視覚型は眼で見て受け取ったものを表現することを得意とするタイプであり，触覚型は体感的に感じ取ったものを表現しようとするタイプであると説明する．

思春期になるとこうした特徴がはっきり出てくるから，美術教育の方法として，この2つの型の特徴をうまく生かして指導すれば，行きづまりの危機を打開し，再び興味をもって表現することができるようになるのではないかと提言するのである．

第5章　造形表現の内容と指導

内容の取扱いと指導上の留意点

　本章では，具体的に幼児に経験させる造形表現の活動（事例）を取り上げることとした．造形表現の活動には，さまざまな表現活動の種類（様式・形式）や多様な材料・用具を使ってのいろいろな表し方があるわけで，したがって簡単に分類したり区分したりすることは困難である．またとくに幼児の活動は，例えば紙で箱とか入れものを作って，これに絵やもようを描くとか，何かを作ってそれを用いて遊びに発展していくとかで，複合・融合される場合が多い．そうした中でこの章では，次の5つに大きく分けて，示すこととした．

　造形的な遊び，絵で表す，いろいろな飾り，作る，みんなで力をあわせて，で全部で35の活動（題材）を取り上げることとした．これらの活動や経験は，限られた紙数の中で，各種の材料・用具を取上げ，いろいろな描き方や作り方を考え，題材（内容）なども角度をいろいろと変えて組み合わせてある．

　本書のはしがきでも述べられているように，造形表現の指導を単に孤立して考えるのではなく，大きな視野から幼児教育全体の中のものとして位置づけ，また表現教育の一つのものとして関連づけて位置づけたいと思う．子どもの年令的な発達とか，材料・用具その他いろいろな状況・実態に即応して，活動とか指導を取上げるようにしたい．

　表現活動する主体は，子どもにあるということを忘れないようにしたい．決して指導がいきすぎたり押しつけ的にならぬよう注意したいものである．子ども一人ひとりのイメージを大切にし，子どものもつ表現力（とくに創造的表現力）を伸ばすようにし，表現への喜びと自信をもたせるためには，指導のきめ細かい工夫が大切である．

（造形的な遊び）

a　子どもの造形遊び

　幼ない子どもたちは，初めていろいろな材料に出合った時，目で見たり，手で触ったりしながら，考えたり工夫したりして，「絵遊び」や「作り遊び」のような造形的な遊びが生れてくる．まだ言葉を話すことのできない乳児の頃は，五感を通してかかわれる物から，体験を通して物事を認識していくものである．例えば，上から下へ落ちるとか，並べる，積む，破いて音がすることなどに興味や関心を持って行動し，その対象を認識する．

　造形的な遊びは，絵を描いたり，ものを作ったりする以前の子どもの本能的な表現活動ともいえる．幼児は造形的な遊びから造形表現活動へと発展することも多く見られる．

b　子どもの遊びの特性

　子どもの遊びは遊ぶこと自体が子どもの心を楽しませて，満足感を与えるものである．遊びは子どもが自三的，主体的に取り組むもので，子どもは遊びながら学んでいる．

　子どもにとって遊びがおもしろいのは，他のことよりもよく理解できるからである．なぜよく理解できるかといえば，遊びというものは，子ども自身の創造によることが多いからともいえる．子どもは遊びの中で生きがいを感じながら生活している．

　子どもはいろいろな遊びを通して

(ｱ)　活動することの喜こびを体験し，物事を知っていく．

(ｲ)　いろいろな活動を通して，想像力や感情を豊かにしていく．

(ｳ)　活動を広げる中で，物事を見つめる力や考える力を養う．

(ｴ)　友達と協力することを体験し，社会的活動を広げていく．

(ｵ)　自主的，主体的に何かに取り組む態度を養う．

　ということが考えられる．

c　幼児の造形的な遊びの分類

(ア)　感覚的遊び

　ものを見て楽しむ，触って楽しむなど，主に感覚器官を使って楽しむ遊びである．水いたずら，粘土遊び，砂遊びなどがある．

(イ)　構成遊び

　積み木，粘土，プラモデル，折り紙，絵を描くことなど，構成したり，創造したりする遊びである．

　幼児にとって大切なことは，結果よりも，熱中してそれを行う過程である．幼児は身のまわりにある物を並べたり，積んだり，構成したりすることを楽しむ．積み木はそうした幼児の遊びの欲求を満たす最も代表的なものである．

(ウ)　材料体験からの遊び

　材料には，土，砂，石，粘土，木の枝，木の実，葉，花，流木，貝がら，麦わらなどの自然物や，新聞紙，包装紙などの紙類，空箱や空かん，発泡スチロール，プラスチック製品などの空容器，その他，日常生活の中で使われなくなった廃材がある．

　幼児期では，ものに直接触れながら，感覚を通し，体験を通して物事を体得していくことが大切である．いろいろな材料に触れ合う材料体験遊びは，何を作るか，どんな材料で作るかという時に，作りたいものに適した材料を探して作るようにもなる．また初めての材料から触発されて作るものを考えるようにもなる．物事を体験し，感動した時は記憶に残るもので，また逆に思い出す時は，体験したことが強い力を発揮しているものである．

1. 砂遊び

　砂遊びは，子どもにとって，自分からかかわれる活動としては最初に出合う遊びである．乳児の時に自然の中で，自分から手を出して，つかんでみるものは砂であり，土であり，草である．そして砂はその感触のよさと扱いやすさから，子どもにとって最もよい遊び道具の要素を備えている．

a　砂遊びの意義

(ｱ)　感触を楽しみ解放感を味わうことで情緒の安定をもたらす．

(ｲ)　興味をもって，自由に伸び伸びと表現する力を養う．

(ｳ)　友達と一緒に遊び，それを楽しみながら協力する態度や共同の意見の取り扱い方，遊び方を知らせ，習慣を身につけることや社会的態度を育てることができる．

b　砂遊びの活動例

(ｱ)　砂を丸めて，おだんごを作ったり，ケーキを作ったりする．

(ｲ)　砂場の中に何かをかくして，宝さがしゲームをする．

(ｳ)　砂の山に棒を立てて，まわりから砂を取っていくという棒たおしをする．

(ｴ)　器に砂を入れて，型ぬきして，プリンを作ったりする．身近な家庭生活の模倣からものを作っていくということやごっこ遊びに発展することもある．

(ｵ)　ダイナミックな遊びとして，シャベルやスコップを用いて，穴を掘ったり高い山を作ったりする．

(ｶ)　砂場全体を使って，水をバケツに用意しておくか，ホースや蛇口につなげて，ダム工事もどきの作業を展開する．

c　注意したい事項

　いろいろな用具や遊具の出し方を考えることである．年中同じ遊具ばかり，同じように置かれていると効果的ではない．ある時は何も置かずに，素手で取り組むこともさせたいものである．

造形的な遊び　　29

　砂場の活動といっても一様ではない．保育者と子どもの関係，子ども同士の関係，あるいはその子どもの園での安定度や，砂場での遊びの経験によって遊びの内容は異なる．その子どもが砂場で何を楽しんでいるのかの内容を見つめる目をもたなければ，言葉のかけ方，補助材の提供のタイミングなど，適切な援助は行えない．

2. 積み木で

　積み木は種々の基本形の立体的な木片からできたもので，これを操作することによっていろいろなものを表現して遊ぶことができる．1837年にフレーベルが20種類の子どものための恩物を創案したが，その中の第3恩物から第6恩物までに積み木が取り入れられている．現在の保育の中でも類似の積み木は有効に用いられている．

a　積み木の魅力

(ア)　四角や三角といった抽象的な形の立体は，幼児の自由なイメージを誘発する．子どもはそれをいろいろなものに見たてて遊ぶことが可能である．

(イ)　並べたり，積んだりすることで，さらにイメージをふくらませることが可能である．

(ウ)　幼児が自分の意志で気に入った積み木を選びとることができる．またかかわり方も本質的に自由である．

(エ)　子どもは成長につれ，たえず新しい発見をしながら，一つの積み木でいろいろな遊び方をする．そして自然に構成能力や創造力を身につけていく．

(オ)　積み木の形，大小の特質を自分なりにとらえると，どの積み木をどのように使えば崩れないかを考えたり，工夫したりすることも可能になる．

(カ)　崩れたものを構成し直すことから，新しいイメージが想起されて，遊びが変化していくこともある．

(キ)　同じ場や同じ積み木を友達と共有することから，友達とのかかわりが生まれることもある．

b　積み木での活動

(ア)　まず一人ひとりの子どもが自由に積み木で遊べるような，場，環境，条件を考慮する．

(イ)　積み木そのものに親しませるための仲間集めをする．(同じ形，同じ色，同じ高さなど)

(ウ)　積み木を長く並べたり，なるべく高く積ませる．誰が一番長く，また高く

積めるか競争する．
(エ) 小型の積み木を積み重ねたり，重ねたものをくずしたりする．
(オ) 大型の積み木で船や家を作り，その中で自由に遊ぶ．

c 注意したい事項

(ア) 幼ない子どもは色のついている積み木のほうが，長く遊べるようである．5～6歳になると白木の積み木でいろいろな想像を楽しむ傾向がある．

(イ) 積み木から発展したプラスチック製のブロックは，作ったものがしっかりと組み立てられ，子どもに人気がある．しかし，単純な形のものほど，子どもの自由なイメージによる遊びの可能性が広がる．したがって，特定の型でイメージが限定されるような積み木には，それなりのマイナスもあることを知っておく．

(ウ) 園生活において，積み木での遊びは，ごっこ遊びなどの一部分として表れることが多い．自由に使うことができるように置き場所などを工夫しておくとよい．

積み木で遊びながら子どもは，自分のイメージを広げたり，その実現を試みる．そうした場や時間を大切にしたい．

大型積み木の基地作りは持ち運びでの協力，イメージのぶつけあいや調整，工夫，集団生活の場であるからこその共同製作の一種である．

3. 自然物で遊ぶ

　植物の花や葉や実，あるいは小石や貝ガラなど，子どもの身近かにあって，しかも扱いやすい自然物は，砂と同様に子どもにとって魅力的な遊具となる．色や形の美しさ，おもしろさ，不思議さに子どもが目を輝やかすとき，それはすでにそのまま造形的な題材でもある．

　また，実際に手に触れ，さまざまな思いでかかわるとき，自然物はその材質感の違いだけでなく，特有の生命や時間を子どもに伝えてくれる．その意味で感性と表現の育ちに関係する活動として，園生活の中に自然物との触れ合いが位置づけられていい．

　笹の葉を使って作る舟や，椿の葉によるゾウリ作り，あるいは草相撲など，木の葉や花を使う遊びは，昔から子どもたちの間に伝承されていた．しかし，今日では，子どもだけで遊びだすことは少ない．伝承に必要な子ども集団が地域から失なわれていること，自然物と触れ合う機会が少なくなったことなど，理由はいろいろ考えられるが，保育の場で保育者が機会を適切に捉えながら，伝承的な草花遊びを子どもに伝えていく必要もあるだろう．そのためには，保育者として市販の本などで，事前に勉強しておくことも考えたい．

　ただ，たとえば笹舟の作り方の手順などを教え込む必要はあまりない．十分に野山で遊び，草花と触れる中で，子どもたち自身の主体的なかかわりを大切にしたい．自分の好きな色や形の花や葉を集める子どももいれば，木の実でポケットを一杯にする子どももいるだろう．集めた花や葉，木の実を並べたり，ちぎったり，穴をあけて糸を通したりと，自由に遊ぶ中に，保育者も参加し，ひとつの遊び方として伝えていき，むしろそのことをきっかけとして，多様な子ども自身の工夫が生まれるような雰囲気作りが大切である．

a　花や葉を使った作品の作り方

　自分の好きな葉や花を選ばせ，紙の上に置いてみる．置き方などを変えることでイメージをふくらませ，描画材やその他の自然物を使って，そのイメージを定着させるようにし，のりやセロハンテープで固定する．

造形的な遊び

葉っぱのおめん

　大きな葉を探し，目や鼻をあけて，簡単におめんになる。

葉っぱのおさかな

　色や形の違う葉を並べることでいろいろなおもしろいさかなを作った。

シロツメクサの首飾り

　伝承的な遊びである草花遊びも子どもたちにとって目新しい遊びとなる。

（このページの写真は渡辺英雄の撮影）

4. 紙で遊ぶ

　紙は日常生活に欠かすことのできない重要な生活素材である．なるべく多くのいろいろな紙を集めて，触わるとどんな感じがするのか，何に使われているのかなどを自由な遊びの中で知っていく経験の場や時間を十分に与えたい．入園当初など，子どもが緊張しているときに，大きな紙を思いっきり破くような活動は全身を使って，大きな音をたてて紙を破く感覚的なおもしろさから，子どもの緊張を解くのに有効なことがある．こうした遊びは，そのまま造形素材としての紙との触れ合い経験でもある．破いてできた形から子どものイメージを引き出し，貼り絵へと展開する場合もある．

　破いた紙からの発想は，一般的には平面的になりがちであるが，紙をねじったり，まるめたりすると立体的な発想を高めることができる．

a　紙で遊ぶ活動のいろいろ

(ア)　新聞紙や包装紙を破いたり，ちぎったりする感触を味わいながら遊ぶ．

(イ)　細かく紙をちぎったり，切ったりして，細吹雪ごっこをする．友達の誕生日会などの花吹雪に使ってもよい．

(ウ)　一枚の紙を手でちぎりながら，誰が切らずに長くできるかを競争する．

(エ)　自由に破いたり，ちぎったり，折ったりした形から，何が連想できるか形みつけをする．

(オ)　新聞紙をまるめて，大きなボールになるよう，輪ゴムやひも，セロハンテープで止める．ボールの遊びは，投げたり，蹴ったりする運動遊びにも発展する．

(カ)　円筒にまるめると，棒，刀，バトン，マイクなどへとイメージが広がる．

(キ)　まるめた形から何に見えるか想像して，目や口を色紙などで貼って作る．

(ク)　飛行機に折った紙などで，どうすれば遠くへ飛ばせるか考えさせて，競争する．

(ケ)　はさみの使い方の練習も兼ねて，スパゲッティ，細いそばなどを作る．

造形的な遊び

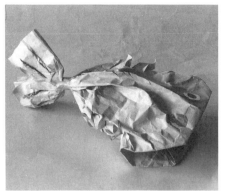

紙袋の魚

新聞紙のタコ

新聞紙での遊び

5. 空箱，空容器などで

a 魅力ある素材での活動

　子どもは，空箱や空容器などで楽しく遊ぶが，一つの空箱でも，切り開いたり，のりづけしながら動物や乗り物など，さまざまな形に作り変えてしまうものである．一枚の画用紙から，自動車や船を作ることはむずかしくとも，空箱や空容器の形を利用すると簡単に作ることができるので，子どもたちにとって，これらの材料は製作意欲を高める魅力ある素材といえる．積み重ねてお城を作って遊んだり，箱を分解して遊ぶこともある．

b 材料集めの保管

　材料は家庭に連絡したり，近くの商店などに話をしておくとよいが，子どもに集めさせることも大事なことで，材料をさがしたり，集めたりすることから造形遊びが始まるといえる．

　材料は余裕をもって準備しておくとよい．集めたものは種類別に整理しておく．段ボールの空箱など，大きいものは，たたんで大きさ別に分けて保管しておくとよい．また，子どもが必要な時にすぐにさがすことができるように，場所を決めておくとよい．また，同時にさまざまな遊びに使えるボタンやおはじき，ビー玉などの廃材も集めて，小箱に保管しておくとよい．

c 集めておきたい材料

(ア) 空箱（たばこの空箱，菓子箱，石けん箱，段ボールの空箱など）

(イ) 空容器（アイスクリームのカップ，紙コップ，紙皿，フィルムのケース，卵やいちごの容器，牛乳パック，カップラーメンの容器，空かんなど）

(ウ) 筒や輪になっているもの（ラップ，アルミホイル，トイレットペーパー，セロハンテープ，ガムテープ，糸巻きなどの芯）

(エ) 袋（紙袋，封筒，ビニール袋）

(オ) その他（割り箸，竹ひご，針金，ひも，毛糸，牛乳びんのふた，ストロー，洗濯ばさみ，ビー玉，やきとりの串，輪ゴムなど）

造形的な遊び

　空箱，容器での製作豊富な材料体験によって可能になる．子どもたちは箱の中に入って遊んだりしているうちに，家や車をもっと本物らしくしようと手を加えだす．

　また，作品として作るのではなく，自分たちの遊び道具を作るのだから，遊びの中で壊われてしまう製作物もあることが自然である．

（絵で表す）

　幼児の絵は，絵を表すことを目的として表された単なる一枚の絵と考えるべきではない．その子の主張を線や形に托して表した成長の記録であり，生の証であり，詩でもある．また，そうでなければならない．

　そのために，幼児の絵の製作時は，外部からの干渉や抑圧は避け，一人ひとりの幼児が感じたこと，思ったことを，一人ひとりの幼児が思いついたり考えたままに，積極的に表現活動をし，表すことに喜こびを味わえる保育の素地づくりをはかることが，指導者に課せられた肝要な課題である．いいかえれば，指導者主導型の保育ではなく，子ども主体の保育の実践をめざすことである．

　さらにそのために指導者は，子どもが今，何に心をひかれ，とびつき，何を夢みて何を求めているのか，日常生活の中から，的確にこれを感じとれる眼力を養う必要がある．

　「絵で表す」といっても，その種類や方法は多岐にわたる．まして幼児を対象としたそれは，造形遊び的なものから，発展した表現までが，その範疇である．フィンガーペインティングやデカルコマニー，にじみやはじき，吹きちらしなどを基底とした表し方等々もこの分野である．決してクレヨンやパス，絵の具などを用いて，市販の画用紙に表すものだけではない．それだけにこの分野の表現指導では，自由な雰囲気に浸って，子どもたちが心を解放し，思ったこと，感じたことを，色と線や形で自由に画面にうたいあげるにふさわしい場づくりが大切である．

　その結果が，まとまりのある絵にならなくてもよい．もちろん〝よい絵〟が表されるに越したことはないが，それよりも子ども一人ひとりが自らの意志で表現を工夫し，喜こんで描き，表し終えてから楽しかったという反省がもてる指導を期待したい．

6. 好きな動物（クレヨン・パス）

　これまで幼児たちに「砂遊び」「積み木遊び」「自然物を使って」等々，幾種類かの〝造形遊び〟を体験させたが，これら活動の意図するところは，一人ひとりの幼児に，造形遊びの楽しさを感得させ，心を解放し，作ること，表すことへの楽しさを体得させようとするところにねらいがあった．その延長線上に位置するものが，この題材である．

　幼児にいきなり，限られた狭い内容からなるテーマを課して描かせることは緊張感をあおり，ややもすると結果的に表現を嫌悪させることへ追いやり易い．

　さりとて，〝描きたいものを自由に描いてごらん〟〝何でもよいから思ったことを，思ったとおりに描いてみよう〟などといった指示の与え方では，何を描いたらよいかが決まらず幼児は困惑する．幼児の中には，まれにさっさと描きすすめる者も出現するが，それがかえって，当惑している子どもをおじけづかせ，彼らの表すことへの自信を失なわせることにもなりかねない．

　この期の子どもの描画指導は，彼らに任せきりはよくないし，さりとて狭い内容を連想させるような，限られたテーマを課すことも避けなければならない．

　以上の配慮から取り上げたのがこの題材である．

　一般的にこの期の子どもは，動物をこよなく愛している．多くの園では飼育動物との触れあいもあり，親しみがある．その心が表現の底流にあるだけに，生き生きとし，情愛に満ちた動物が表されるものと期待したい．

a　用意するもの

　画用紙・クレヨン・パス．

b　題材が決まらない子どものための導入　──実践例──

　保育室の中央にダンボール箱が置かれた．箱の上部には，子どもたちの手が，やっと入る程の穴があいている．

　　「この中に，何が入っているかあててごらん．」．

　保育者が子どもたちに問いかける．短時間の問答のあと，

　　「上に，穴があけてあるからそこから手を入れて，何かを確かめてごらん．」

と，A子を名指した．〝へび〟かも，という声が起こる．A子，B子は「こわい！」
と実験を拒んだ．

その時，「ボクやる！」とC男が名乗り出た．そして穴から手を入れ，「わあ
っ！」と驚きの声を挙げた．部屋は騒然となった．

その後4人目のD男によって，『うさぎ』であることがわかった．その後，何
人もが代わるがわる感触で「うさぎ」をとらえた．「毛がフワフワしている．」
「あったかい．」などの声も聞かれた．

さらに保育者は彼らを車座にさせ，その輪の中に〝うさぎ〟を放した．子ど
もたちちは争うようにうさぎに触れ，抱いたりもした．保育者が予め用意した
ニンジンも与えた．

こうして，触覚と視覚とで，うさぎをとらえた．

c　指導上の心がけ

(ア)　好きな動物を心にもたない子どももいるかもしれない．その場合も考え
て，準備をしておく必要があろう．

(イ)　描き馴れた動物・表現がたやすい動物だけの表現に陥ることのないよう
に，その時点で一番表してみようと思う好きな動物の表現に立ち向かうよ
う，励ましを与えたい．

(ウ)　描く動物が決まったら，どこに，どれくらいの大きさで描くかを考えさ
せる．

(エ)　大切な部分を，大きく描くように助言する．

(オ)　年少児には，直接色で，ぐいぐい描かせる．

(カ)　万遍なく色をぬり込むことは避けさせ，どうしてもという部分にかぎっ
て着彩させる．

(キ)　いわゆる〝バック〟をぬることは無意味であるばかりか，いちばん大切
な表現（動物）までも，画面に埋没させてしまうことに気をつける．

絵で表す　　　　　　　　　　　　41

やさしいほろほろちょう

　　　（4歳　男児　クレヨン）

　恐らくは，全身を駆使しての線描であろう．画用紙いっぱいに，力強く表わしている．ほほえましい作品である．

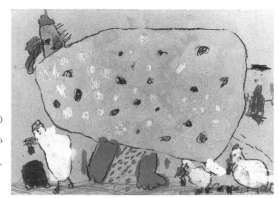

猫の親子

　　　（5歳　男児　パス）

　細やかな観察力をもとに，猫の親子の情愛を，みごとにうたいあげている．色彩も美しく，パスのもち味を生かした用い方もよい．

牛

　　　（4歳　女児　パス）

　見て来た牛を，顔の表現に力点を置き，堂々と，表わしている．見上げる子どもに比して，作者がとらえた牛の巨大さを感じさせる．

7. お話の絵（絵の具・コンテ）

　童話や，民話のすべてが絵になるかといえば，必ずしもそうではない．感動的な物語であるといっても，心理描写が多い場合などは，その場面が浮かび上らず，どう表してよいか子どもたちは困惑する．仮りに描いても勢い動きの乏しい絵になりやすい．このことから絵として取り上げる話には，話の筋がしっかりしていると共に，その場面の様子や情景がかなり印象的で思い浮かべ易いものがよい．しかし，幼児といえども，文学的に香り高く，幻想性があり，子どもに人生の断面をのぞかせ，考えさせ，心をゆさぶるような話の内容でありたい．そしてまず，保育者自身が感動する内容であることが望まれよう．

　いうまでもなく〝お話の絵〟は，話の筋や内容を説明することではない．物語を場としながら，自己を表現させることである．

　また，話の長さを考慮したり，主題的場面を 2〜3 ヵ所限定して描かせたり，特に年長児を対象とする場合などは，話を途中で打ち切り，続きを想像させて描かせることも考えられる．

a　発想・構想のさせ方

　まず，幼児には，保育者は読んで聞きとらせるのではなく，必ず話してやり，それをみっちり聞きとらせる．その場合，幼児の心に泌み込むように，ゆっくり，時には速く，感動をもって語るようにつとめる．同時に指導者自らが，物語のイメージを浮かべながら語りかけることが大切である．

　ひととおり話し終えたあと，話の筋の反復や，説明などによって，子どものイメージをこわしたり，記号化していくようなことはぜひ避けたい．この時こそ，子ども一人ひとりが自分に立ちかえって，話の中におのずから呼びさまされた場面や，その情景を完全にまぶたによび起こしていくための時間でなければならない．

b　着彩

　主題となるものだけを着彩し，その他は紙の地を残こして生かすことも考えたい．

かもとりごんべい

（5歳　男児　サインペン・コンテ）

ややかすれかけたサインペンでしたがきを描き，コンテチョークで着彩している．

心をこめた線描・感動を心底に流しつづけながら，着彩したであろう様子が，たしかな響きで画面から伝わってくる．

5歳児の，精魂のかぎりをつくした作品である．

ハメルンの笛吹き

（5歳　男児　絵の具）

作風に堂々とした風格さえある．必要なものだけを描いた，すなおな描き方に好感をもつ．

8. 生活の中から（コンテ）

　幼児の生活体験の表現は，ややもすると実感のともなわない説明だけの表現に流れやすい．体験したことでも，そのことのとらえ方がぼんやりして，記号的なとらえ方の表現にとどまっていることが多い．こうした欠陥は，対象（こと）への全身的な働きかけが弱いためである．表現対象はどんな場合でも，自分との強いかかわり合いがなければ，実感のこもった表現は生まれない．

　子どもに樹木を描かせてみると，木登りをした経験のある子どもは樹木の感じを生き生きと表すのに対し，経験のない子どものそれは，説明的に表すとか，あるいは一様なぬり込みで表現することが多い．

　魚釣りの体験がない子には，その様子を生き生きと表すことはできないし，泳ぎの経験をもたない子には，迫力ある水泳の感じは表せない．

　だが，経験さえすればその様子や感じが，すなおにかつ生き生きと表せるかといえばそうではない．木登りで，皮膚をすりむいたとか，草むらに寝ころがった時，雑草や芝のトゲにさされたとか，セーターに芝がいっぱいついて困ったとか，魚釣りで釣り針に手をかけようとしたとたん逃げられたとか，水泳で水を飲んでしまったとか，おぼれそうになった等々，苦い経験や懸命なかかわり方がそこにあったとき，はじめて生き生きとしたその様子が表せるものである．

　次頁3点の作品は，見てきたこと，体験したことを思い出して描いたものであるが，何れも迫真感に満ちている．対象への，かかわりの深さがこれを生んだものであろうことは想像にかたくない．

自転車

（5歳　女児
サインペン・コンテ・絵の具）

　自転車を，買ってもらったのであろうか．大きく頑丈なタイヤが，喜びを偲ばせている．

　描材のもち味を，生かした表わし方と，端的な表わし方とがよい．

でてきた，ぼくのいもだ

（5歳　男児　パス）

　初めて体験したのであろういもほり．そのいもの大きさに驚きを感じた様子が，その表情にはっきりと表わされている．

きれいなくじゃくさん

（5歳　男児　サインペン・コンテ）

　くじゃくの，美しさによほど感動したのであろう．色調豊かに，羽のありようを，丹念に描きあげている．繊細な観察力が特筆される．

9　線で描く

人物画の指導例

	年少期（3.7～4.6歳）	年中期（4.7歳～5.6歳）
主題	顔（正面）	上半身像（正面）
ねらい	顔の形とその部分に，目を向けさせる．	各部分の，特徴をとらえた表現をさせる．
表現内容	○互いが向かい合って，顔をよく見合い，部分の特徴をつかんで表す．	○自然に立った人の，上半身像を正面から見て表す．
指導上の留意点	1　顔の形は紙いっぱいに大きく描かせる．（「大きく描きなさい」だけでは，この期の幼児には，その加減がわからない．顔に画用紙をあて，その上から撫でて，顔の大きさを確かめさせる．） 2　顔の形は，丸や，だ円形だけではないことをわからせる．（顔の形の異なった子どもを前に出し，比較で理解させる．） 3　目・鼻・口・まゆ・耳・髪について，それぞれのはたらきと特徴を考えさせる．（目かくしをしたり，鼻をつまんだりさせて，そのはたらきに気づかせる．） 4　線描で表させ，塗り込みをさせない．	1　大きく，線描で表させる．（手首は紙から離し，ゆっくりと描き進めさせる．） 2　顔の形の特徴を，しっかりとらえさせる． 3　目には，白い部分と，黒い部分のあることをわからせる． 4　モデルに大きな口をあけさせ，歯や舌があることを確認させる．（見えなければ，描き表せないことをわからせる） 5　髪は，ぬるのではなく，描き表させる．1本1本の集合体であることに気づかせる． 6　着衣の特徴を表させる．
主な準備品	鉛筆 画用紙（8つ切り）	サインペン 画用紙（8つ切り）

絵で表す

年長期(5.7歳〜6.6歳)

手の動作のある全身像（正面）

つり合いのとれた表現をさせる。

○立って，手を，上や横に挙げた人（例 交進巡査）の，全身像を，正面から見て表す。

1 頭部，上肢，下肢のつり合いを大切にした表現をさせる。（画用紙上に，あらかじめ指で，から描きをさせる。）
2 手首から先，足首から先の表し方も，大事にさせる。（やや，誇張ぎみでよい。）
3 着衣の特徴，模様も表させる。（模様が主体とならないように。）

クレヨン
画用紙（8つ切り）

10 ゆび絵（フィンガーペィンティング）

絵を描くことに抵抗があったり，いつも決まったものしか描かない子どもに，描くこと，表すことの楽しさをわからせるのに適した材料である．

市販されているフィンガーペイントもあるが，ゆび絵の具は簡単に作ることができる．

うどん粉をのり状に溶かし，色（食紅）を少量混ぜ，つるつるした紙を水でぬらして，その上に前述ののり絵の具を置く．

子どもは，初めのうちは手を出すことをちゅうちょするが，その感触に馴れてくると，紙の大きさいっぱいに手を動かすようになる．手のひらで紙の上をなでたり，指先でなでたりすることを，意図的にさせることが大切である．

a 活動の展開

1本の指で描く．2本で描く．5本の指で描く．手のひら全体でならして線を消し，別のものを描いてみる．

この繰り返しの中で，徐々に描いてみたいものをまとめさせる．

b 指導上の留意点

(ア) 紙は表面がつるつるとしたもので，できるだけ大きな紙を与える．全身を使ってこの活動をさせるところに，この遊びの意義がある．仮りに，はがき大程度の用紙ではこの活動の効果をあげることはできない．

(イ) ゆび絵の具作りに当っては，化学染料，粉せっけん，防腐剤を混合する方法もあるが，活動の際，子どもが指などをなめてしまうことも考えられるため，毒性のない材料で作ることがよい．

(ウ) 絵の具のついた手で，衣服にさわらないようにさせる．

(エ) 何回も描いたり，消したり，また描いたりすることをすすめる．

(オ) 絵ができたら，上に画用紙をのせ，版画のように写しとる．この場合，絵が逆になることに気づかせる．

(カ) アクリル版などを用いると，さらに効果的である．

絵で表す

指で

ボール紙の切れ端で

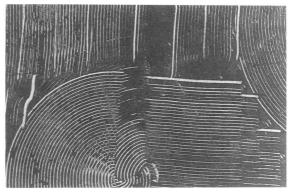

くしで

11 あわせ絵（デカルコマニー）

　紙の上に絵の具を落とし，2つ折りに合わせて作る偶然のもようである．

　このあわせ絵は，偶然にできる形（もよう）が，造形的な新しいイメージを呼び起こしてくれる．

　使用する紙質，絵の具のうすめ方，圧のかけ方によって無数に形が変化するが，それは人間の手ではとうてい表すことができない，不思議な美しさをもっている．

a　材料・用具

　紙（製図ケント紙など，表面のなめらかなもので，とくに吸収性の少ない紙），絵の具，墨汁・パレット・筆など．

b　作り方

(ア)　用紙を均等2つ折りにする．

(イ)　2つ折りにした画用紙を開いて，片方に絵の具を落とす．この際，絵の具をうすめて流動性をもたせることが大切な条件となる．

(ウ)　画用紙を折り目から重ねられて合わせ，上から軽くなでる．この場合，均一に圧をかけても，圧を加減しながらかけてもよい．この圧のかけ方によって，形は際限なく変化する．

(エ)　画用紙を開くと，思いもよらぬ不思議な，美しい形ができている．

(オ)　その形をよく見て，何かのイメージが湧いたら，パスなどを薄目に使って加筆し，よりおもしろい絵にすることもできる．

(カ)　チューブから直接垂らしたり，ガラス板やタイル板に絵の具を落とし，紙を伏せてうつし取る方法もある．

c　指導上の留意点

(ア)　紙は吸収性の少ない用紙であること．

(イ)　左右の形が独立してしまわず，どこか一部分でもよい，つながりができるよう，圧の加え方に，留意すること．

(ウ)　加筆は少なめに，そのものの特徴だけに留めること．

絵で表す

チューブからしぼり出した絵の具4色を使って表現している．
　クレヨンで，若干の加筆がある．

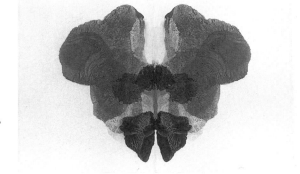

水で溶かした絵の具4色を用いて表している．
　加筆はしていない．

墨汁を垂らしてできた形に，クレヨンで，とさか・口ばし・脚を加筆したもの．
　加筆はこの程度が望ましい．

12 にじみ絵

　画用紙の表面を水でぬらし，水が乾かないうちに絵の具をたらしたり，筆で描いたりすると，絵の具はぬらした水に沿って流れたり，広がったりしながら，おもしろい形でにじみができる．

　別の色で2回・3回と繰り返すと，前の色とぶつかったところでは美しい混色のにじみができ，また形もだんだん複雑になって，「ああ，きれい」と子どもたちが歓声をあげるようなアンサンブルのにじみ絵ができる．

　このにじみ絵から何かを連想して描き加えると，楽しい想像の絵になる．

筆で左右斜めになぐりがきのように黄を置き，黄の間に残った余白に赤を置き，最後に黄と赤の混色を損ねないようにしながら，青を置いた．　　—5歳児—

a　画用紙の表面のぬらし方

(ア)　太めの筆（15号位）か，はけにたっぷりと絵の具をつけ，中心部から外に向かって広げるようにしてぬらせる．1度のぬらしでは，絵の具が広がるぬらしにならないので，2〜3度繰り返してぬらせる．

(イ)　スポンジに水分を含ませ，つかんだ手でしぼるようにしてぬらさせてもよい．

(ウ)　水道の蛇口からの水を直接画用紙に当て，画用紙を1度垂直にして軽く水を切り，自分の机上に移させる方法もある．しかしこの方法は，年長で(ア)か(イ)の経験をしていないと無理と思われる．

(エ)　何れの場合も，机上に2〜3枚新聞紙を敷いておき，その上でやらせる．

絵で表す 53

b　絵の具の溶かし方・置き方

(ア)　絵の具は，赤，橙，黄，青，緑など子どもが喜びそうな色を共用の器に溶いておく．

(イ)　絵の具は，太めの筆（15号位）にたっぷりつけ，ぬるようにしたり，ぽたぽたたらすようにしたりしておく．

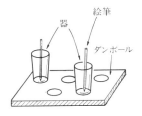

(ウ)　水でぬらした画用紙の乾きは，意外に早いものであるから，ぬらしたらすぐ絵の具を置くようにすることが大切．

※　幼児であるので，筆に絵の具をつける時に器を倒すことがあるので，上図のように，ダンボールなどに固定しておくとよい．

ハムスター

画用紙対角線上に黄を置き，左下に緑，右上に青を置き，できたにじみの形から「ハムスター」を連想して目と口を描き加え，まわりもぬった．　（4歳児）

この作品は，絵の具が薄過ぎて弱い感じのにじみだったが，連想力をよく働かせ，こんな楽しいかわいい絵に仕上げた．　（3歳児）

13　型押し版画

　この別名スタンピングは，準備さえよければ，ペッタン・ペッタン楽しくできる．そして，ふしぎな形の版画や，楽しい感じの版画がどんどんできる．
　子どもたちが大変喜こんで取り組む活動である．

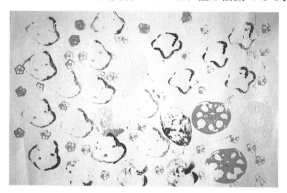

　レンコン，ピーマン，サツマイモ，レモン，オクラなどを版にして型押ししたものである．
　並べ方など考えずに，ただ押すだけを楽しんでいた．
（5歳児）

　中心部の三重のもようは，作者の子どもが，意図的に作ったものである．「きれいなお庭なの」と言っていた．星の形は，子どもの希望で，教師が作った．

（5歳児）

a　準備

(ア) 版には，持ちやすい，形がおろしろいということで，レンコン，ピーマン，ナス，キュウリ，オレンジ，玉ネギなど．そして好きな形に変形できるということで，サツマイモ，大根，ニンジンなど．またびんや小箱などの人工物．それに，ダンボール，発泡スチロール，タオルなどを好みの大きさ，好きな形に

絵で表す

切ったり作ったりした．
(イ)　スタンプインキ
　スタンプインキは，汚ごした手や衣服などの色を落しやすいということで，ポスターカラーを溶いたものがよいだろう．皿状の器の底にガーゼを敷き，適当な濃さに溶いて，滲み込ませて使うと使いやすい．ガーゼの代りに，厚さ1cm位のスポンジでもよい．
　色の種類は，赤，橙，黄，緑，青程度準備してやりたい．
　※　色の溶き具合は，試して具合をみる．黒を使う場合は，1色のみでス

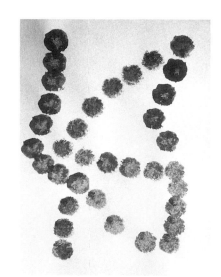

タンピングがよい．
　上の作品は，タオルを1/3大に切り，左図のように棒状にまるめて，断面で押した作品である．「家の前の道」を表わしたのだという．　　　　　　　　　（5歳児）

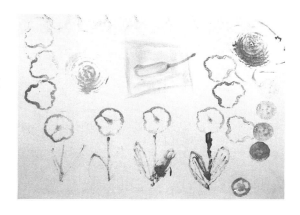

　この作品の花と茎と葉の部分と，画面中央の四角状のものは，ちぎったダンボールの角に絵の具をつけ，描き加えたものである．
　このように，発展させた表現も認めたい．（5歳児）

14 スチレン版画

スチレン版画は，扱いやすく，幼児の版遊びに適している．それは，スチレン材（厚紙状の発泡スチロール）に，鉛筆や竹ひご，また割り箸などで好きな形や絵を描くと，へこんで簡単に凹版ができるし，インキのつきもよく刷りがとてもきれいだからである．

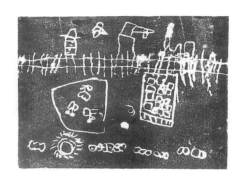

大好きな果物，鳥，たこ，マンション，へびなどを，割り箸ペンで描いて刷ったものである．描いた形がはっきりと刷れている．

（5歳児）

a　準備

(ア)　スチレン材は白色なので，鉛筆や割り箸で描いてもはっきりしない．そこで，版作りをする前に，インキを塗って乾いたものに版作りをさせるとよい．

(イ)　市販のものは，ほぼ八ッ切大であるが，半分に切って使うのもよい．

この作品は，太陽や雲，そして建物などを竹ひごでかいて版作りをした．竹ひごは太さがどこも同じなので，へびの形も同じ太さの線で表現されている．

（5歳児）

絵で表す

この作品は，鉛筆で描いて版作りをした．鉛筆の場合は，弱く描くと細い線になり，力を入れて描くと太い線になる．したがって，動きのある画面になっている．　　　　　（5歳児）

この作品は，版作りに割り箸を使い，表わすものに即して細い方や太い方，そして角も使って描いた．

したがって，それぞれ特徴のある線が表れている．
（5歳児）

b　指導のポイント

(ア)　試しにやって見せ，方法と順序をわからせ，興味を持たせる．

　色をつけたスチレン材に，鉛筆，竹ひご，割り箸で，丸や三角あるいは何かの形を描き，ローラーで版画インキをつけ，それに刷り紙を重ね，バレンでこすり，版画表現の一連の活動をやって見せる．

(イ)　版作りの時に気をつけること

　鉛筆，竹ひご，割り箸のどれを使う場合も，線を引く方向に頭部を傾けるようにして描くと，スムーズに描くことができる．

(ウ)　刷る時のインキは何がよいか

　発色は油性よりやや劣るが，汚れを落す時のことを考えれば，水性のインキが便利．

15　はじき絵

　画用紙に，クレヨンかパス，ローソクで絵や模様を描き，水彩絵の具や墨などを適当な濃さに溶き，刷毛や太筆でさっと塗ると，絵や模様が絵の具をはじいて表われる．これが「はじき絵」であるが，描いたものが水をはじいて表われる様子が魅力的らしく，子どもたちは大変興味を持ち喜こんで取り組む．

「私の家の前」を描いたものだという．もし，はじき絵のために水彩絵の具をぬらなかったら，描き足りない少し淋しい絵だったかも知れない．　　　（4歳児）

　中心部の木に「リス」がいて，「リスさんの家がある木」を表わしたものだという．
　クレヨンでの描き方が弱かったので，薄めの水彩絵の具でぬらせた．（4歳児）

a　活動の要点
(ア)　絵の描き方

　クレヨンでもローソクでも，絵や模様は太く濃く描くほうがよい．そうしな

いと，水彩絵の具や墨を，はじききれない部分ができることがある．
(イ)　絵の具や墨は，濃すぎないよう薄すぎないように．
　濃すぎても薄すぎても絵や模様がはっきり出ないので，保育者が描いたものに試しぬりをして，最適の溶き具合をつかんでおくことが大事．
(ウ)　ローソクで描く場合の画用紙

　淡い色の色画用紙を使う．描いたものもはっきりするし，ぬり効果もよい．
　この作品は，ローソクでうさぎや花を描き，墨を塗ってはじき絵をした．
　ローソクなので，画用紙は淡青の色画用紙を使った．
（4歳児）

　これは，木の葉をこすり取ったもの（フロッタージュ）に，水彩絵の具をぬった「はじき絵」である．
　木の葉をこすり取る時は，木の葉を裏返しにし，上質紙をのせて手でこすり，葉脈を浮き上がらせ，それにクレヨンかパスを軽くこする．
　（木の葉を裏返すのは，裏の方が凹凸が強く出ているからである）
　木の葉の写し取りは，2，3回練習すると，幼児でもたやすくできる．
（5歳児）

16 吹き散らし

　画用紙に，水で溶いた水彩絵の具やポスターカラーをたらし，それを口で吹いて絵の具を散らして遊ぶ活動である．偶然に花火のような感じのものができたり，何かの感じのようなものができたり，また意図的に好きな感じも作ることができるので，子どもたちは夢中になって取り組む活動である．

　「先生／　絵の具が飛びはねている」「先生／　人間が空を飛んでいるみたい」などといいながらやっていた．

　ここでは，赤，黄，緑などを口で吹いてちらした．
（5歳児）

　この作品の取り組みでは「先生／　これ形が蜘蛛の巣に引っかかっているところ」といっていた．ストローで吹いたが，細い線はストローの先でひっかき廻したものである．　（5歳児）

a　方法の要点

(ア)　絵の具の溶き方

　絵の具は，薄すぎては吹き散らした感じが出ないし，濃すぎると吹いても散らないので，溶き具合が要点の大事な一つである．事前に教師がテストして，

絵で表す　　　61

丁度よい具合の程度をつかんでおくとよい．
(イ)　用紙
　　用紙は普通の画用紙でも大丈夫だが，なるべく吸水性の少ないものを選ぶようにすると一層よい．
(ウ)　吹き方
　　口で吹いたり，ストローで吹いたりするが，画用紙の手前を少し持ち上げて吹くとうまく散れるので，画用紙をまわしながら持ち上げ，順次吹かせるのもよい．また，割り箸の角や平たいところで，絵の具を誘導しながら吹くのも一つの方法である．
(エ)　絵の具の置き方
　　太筆にたっぷりふくませ，ぽんと置いたり，線状に置いたりする．

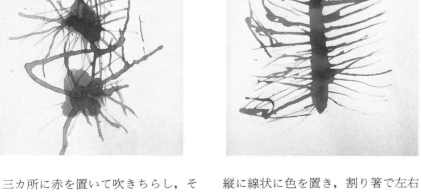

三カ所に赤を置いて吹きちらし，その上に青を置いて吹きちらした．「宇宙にいる虫」だという．　　　（5歳児）

縦に線状に色を置き，割り箸で左右に誘導してちらした．「ぞうり虫」だという．　　　（5歳児）

17　紙版画

　紙版画の版作りは,「こんな版画を作りたい」と仕上がりを予想して作ることになるので, 幼児には不向きだという意見がある. しかし, 次に示すような方法と順序で進めれば, 大変楽しく取り組むものである.

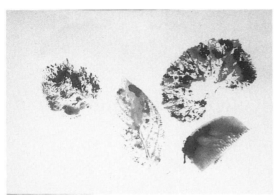

a　1回目の経験
　左から, あじさい, 柿, キャラブキの葉に水彩絵の具を塗って一枚ずつ刷ったもので, 右下は, ダンボールである. このようにして,「刷り取り」という経験をさせる. 　　　　（5歳児）

b　2回目の経験
　1回目の経験を生かしてのことであるが, 中心部の長方形の3枚続きは空箱を開いたもので, まずこれを刷り取った. 次に上部の円形を意図的にはさみで切って作り, 刷り, 最後に下部の足らしい二つを刷った.
　この場合は, それぞれのものに絵の具を塗り, 紙に上から押しつけて刷った.「かぶと虫」だといっていたが, これで「刷って表す」ということがわかったようだ. 　　　　（5歳児）

c 紙版画の方法で刷る

a，bの経験で版で表す方法を知ったので，表したいものの形を画用紙を切って台紙（色画用紙）に貼り，水性の版画インキをローラーでつけて刷った。

「私と私の家」を表したものだという。　（5歳児）

d 色画用紙で版を作る

白い画用紙に同じ色の画用紙を貼っての版作りは，幼児の版作りとしては適当ではない。

右の作品は，白い画用紙に色画用紙で形を作って版作りをしたものである。このようにして版作りをすると，形，大きさ，位置などがはっきりわかって，幼児の版作りには適切である。

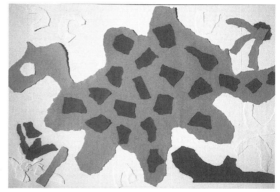

（5歳児）

また，色画用紙を台紙にして，普通の画用紙で作ったものを貼って版作りするのも，白い台紙に白い紙で作ったものを貼るよりはよい。

e 留意点

① 写実的な表現にこだわらないようにしたいものである。描いたものと違う表現の楽しさを味わわせることが大事。

② 版作りをする時の接着は，化学接着剤を使う方がよい。インキをつけて刷る時にはがれないからである。

(いろいろな飾り)

　飾るということは，人間本来の欲求であり，飾ることによって空白に対して心の安堵感を得るともいわれている．特に子どもは，飾りたい欲求が強く，色や形をたくさん使ってのオーバーデコレーションが好きである．本来，目的に応じて適切に飾る，美しく飾るなど，調和，統一，機能性が要求されるが，幼児の場合は，十分なオーバーデコレーションの経験をつませ，あくまで欲求を満足させ，喜びを味わわせることが基本である．そして色や形を使う経験をひろげ，目的に応じた飾りへと発展させる．0歳から発達段階に応じ，集める，並べる，身につける，つるすなど，幼児の生活と関連させ，飾り遊びをとおして，装飾意識を充分満足させることに目標をおくことが必要である．

18．石や貝を並べて

　海辺，川原の貝や石，道ばたの小さな石などは，いろいろ形，肌あいをしていて，すばらしい造形物である．顔，動物，鳥，虫などいろいろな形に見える．一つの貝，石も見る位置，角度で違ったものに見えてくる．また，色紙を貼ったり，クレヨンで描いたりすると，おもしろく変容する．

　大小さまざまな貝や石を並べたりして遊ぶことは，0歳からはじまる．2歳，3歳になると，組み合わせて，一列にしたり，うずまきに並べる遊びを楽しむようになり，4歳，5歳になると，花，動物，人，鳥など，何か形を作って遊ぶ姿も見られる．

いろいろな飾り

石を並べてできた人の形

貝を並べた顔

▲貝のチョウ
◀石のキリン（胴に色紙をはって）

ウサギ葉，実，ボタンをつけた

いろいろな貝で

19 おめん

おめんをかぶると変身する．幼児はおめんが大好きで，保育室に保育者の手製のものが用意されていると，必らず誰かがかぶって遊んでいる．ごっこ遊びや劇遊びだけでなく，鬼ごっこや，節分などの行事のときに使われることがある．また，それぞれの発達段階に即して，自分たちでもいろいろなおめんを作れることも魅力である．

新聞紙，画用紙，紙袋，ダンボール，空箱など，さまざまな材料を準備しておいて，子どもの要求に合わせて，多様なおめんを作る機会を大切にしたい．ただ「おめんを作りましょう」と誘うよりも，いろいろな遊びの中の必要感に訴えることを考えたい．ときには保育者が一緒に作ってあげることで，子どもの興味や関心が高まることも忘れてはならない．子どもたちの製作を指導・援助するときには，眼，鼻，口，耳などの一部分を強調したり，形を単純化したり，色を利用して表情を強めたり，思いきった表現になるように配慮する．3

新聞紙や画用紙で作る

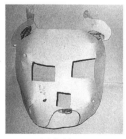
色画用紙を使って

紙袋を使って

歳児などは，画用紙に描いた絵を切り抜いたり，和紙や新聞紙を破いて作るおめんでも十分に楽しめる．かぶれるように輪ゴムをつけたり，紙のテープを止めたりは，保育者が手伝っても，自分の作ったおめんで遊ぶ経験を大切にしたい．

4，5歳になると，写真の作例からも解るように多様な材料を使ったいろいろなおめん作りが行えるようになる．子どもの豊かなイメージ力に負けないように，保育者も豊かなアイデアを子どもに提供する責任がある．

いろいろな飾り　　　　　　　　　　　　　67

いろいろな素材を使って

表情を豊かに飾る

半立体のおめんを作る

　紙袋や空き箱を利用して作ると，そのまま半立体のおめんになるが，一枚の紙からも作ることもできる．紙を軽く二つ折りして，鼻や口を切り，顔の上，両側，あごなどに切り込みを入れて，のりかホッチキスで止める．切り込みの深さや止め方で，顔の表情も変る．

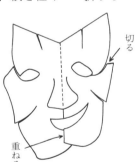

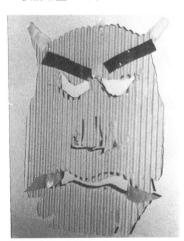

ダンボールを使って

3歳児の作ったおめん

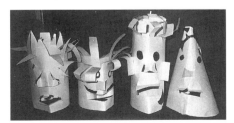

円筒を利用して（短大生作品）

20 吊るす飾り

　吊るす飾りは，天井から吊るすもの，窓や入り口，廊下や玄関に吊るすもの，壁に下げるものなどいろいろある．作る材料も，色紙，色テープ，色セロファン，新聞紙，トイレットペーパー，テッシュ，紙皿，紙コップ，木の実，木の葉，色画用紙，画用紙，ストローなど身近な材料が使用できる．

　年齢や発達段階に即して，幼児が喜こび，手軽に作れて，にぎやかなものがよい．天井に吊るすものは，吊るすのに労力のいるものや，飾りつけに時間のかかる方法は避けるべきで，針金や，たこ糸，ジュースのひき手などを上手に使って吊り方を工夫するとよい．

　吊るす飾りは，幼児の能力差が目立たず，オーバーデコレーションの経験ともなり，装飾意識を充分に満足させることのできる題材である．また共同で製作したり，みんなで分担して作る飾るなどといった経験や生活も可能である．0歳〜1歳は，テープやロール紙を壁に下げる，和紙やテッシュをまるめて絵の具をつけて壁にさげるなどといった活動を，保育者が一緒にしてあげると非常に喜こぶ．2歳〜3歳は，テープを切ってつないで，壁にかざる，テッシュを丸めてテープに下げて吊るすものなどもよい．3歳〜4歳は，木の葉，実，テープ，色紙などを併用したり，切る，破く，折る，輪にするなど，いろいろな技法を加味できる．5歳になると，半立体，立体，紙コップ，紙皿なども用いていろいろな表現で，天井などに吊るすことができよう．

いろいろな吊るす飾り

　輪つなぎ，色紙を渦巻き状に切って下げたもの，紙テープに輪をつけたもの，紙コップを利用したもの，星の形に切った紙を糸でつないだもの，折り紙でくす玉を作って下げたものなどである．

いろいろな飾り

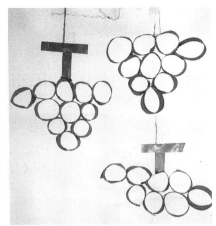

使い方の工夫を

　吊るす飾りは室内環境を整えるときに利用されることが多い．上の写真は色紙のテープを2本重ねて折ったものだが，色どりや長さ，そして飾る場所を考えると，誕生会などの行事に使える．

　また，右上の写真はテープで輪を作って接着（セロテープ，のりなど）させたものだが，これも工夫次第で，季節の果物などイメージさせ室内の雰囲気を変えるのに役立つ．保育者と子どもが一緒になって，自分たちの生活の場作りを考えていくと，もっともっとさまざまな工夫が生まれるだろう．

　右の写真は画用紙で円錐形の風車を作って，その下にいろいろな飾りをつけたものだが，風が吹くと回転する．例えば園庭の木の枝にぶら下げたりすると，魅力的な遊具になるし，年長児の作ったものを乳児の部屋で使ってもよいだろう．

21　身につける飾り

　4, 5歳の子どもが遊びの中でペンダントや冠, あるいは腕輪といったものを身につけるとき, それらの物は単なる装飾物ではなく, たとえば何かの役になりきるためのシンボルマークであったり, 同じ仲間としてのサインであったりする. それは, それまでの生活の中で, 装飾物がもつ本質的な意味を感じとっているからだろう.

　何かを身につけて飾る喜びは, 子どもにとってかなり強いものである. その製作にも, 興味を示し主体的に参加することが多い. それぞれの幼児の発達の段階や, それまでの表現活動の積み重ねによって獲得した技術などを考慮し, 多様な工夫とアイデアに満ちた援助者となることを心がけるべきだろう.

　身につける飾りは, ペンダント, ブローチ, ネックレス, 勲章, 肩章, 冠, 帽子, 腕輪, 指輪, ベルト, 髪飾りなどと多種にわたり, その素材も, 色紙, びんのふた, コースター, 空き箱, ボタン, 草や木の実, 花, 発泡スチロール, 毛糸など, 身近の材料をいくらでも利用することができる. また, 製作技法の面からみても, 描く, 切る, 貼る, 重ねる, つなぐ, 折る, 曲げるなど多様な技術が含まれた活動になる. しかも, 単に好きなものを作ればよいのではなく, ブローチであれば胸につけるための仕組みが必要であり, ネックレスやベルトにしても, それを身につけるための機能的な技法が必要になってくる. そうした技術を保育者から子どもに伝えていくことも忘れてはならない.

　胸につける飾りでは, ぴんやグリップを製作物にどのようにつけるかがポイントとなる. (図参照). 首に下げるペンダントやネックレスは, ひもにビーズや木の実などを通したり, 製作物を結んだりする方法と, 紙でテープ状の輪を作り, そのテープに飾りを接着させる方法がある. 腕輪やベルトはガムテープなどでそのまま接着してもよいが, 図のようにすると, 簡単で何度も着脱が可能になる.

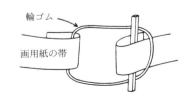

いろいろな飾り

ネックレス

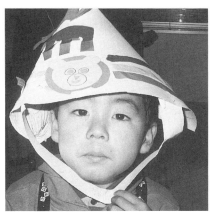
帽子

ブローチのいろいろ

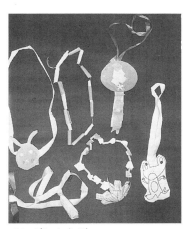
ペンダントなど

子どもたちの好きなチャンピオンベルト

22　箱やかんを飾る

　幼児は玩具や，きれいなもの，珍らしいものを欲しがり，独占しようとする．幼児にとって，ビーズ，色紙，ビー玉，おはじきなど，自分のお気に入りのものは，何ものにも変えがたい大切な宝物である．一人ひとりに空箱や空かん，ダンボール箱などを与えると，それらを大切にしまっておくだろう．

　空箱や空かんを飾る活動は，自分が大切にしているものを容れる箱やかんが間違われたりしないように，自分なりに美しく飾ろうとするものである．したがって，全員に同じものを作らせたり，飾らせたりすることはあまり意味がない．それぞれの子どもが年齢と発達段階に即して，立体的に製作し，装飾することが大切である．

　そのためには，装飾に必要な材料や用具を，子どもたちの実態を考慮したうえで，十分に準備しておくことが必要である．低年齢児であれば，ただきれいな包装紙をはったり，画用紙に絵を描いたものを貼ったりするだけで十分な場合もある．自分なりに，中に入っているものがわかるようなマークを切りぬいて貼っておく方法もある．また，箱やかんなどに，ビールやジュースの栓やボタン，毛糸，ストロー，貝のからなどを貼りつけて凹凸をつけたりすることもおもしろい．子どもたちにとっては，身近かにある材料を使い，手もちの技術を使って行う活動だが，そうした中で，友達のアイデアに影響を受けたり，保育者からの助言を受けて，さまざまな製作の技術や，色の感覚が養なわれていくのである．

　最初は箱の大きさよりも大きく破いた紙をはろうとしたり，装飾をほどこしたら，箱が開かなくなったりするかもしれない．しかし，そうした試行錯誤を繰り返しながら経験を深めていくうちに，箱の中にもう一つの箱があるようなしかけのある宝箱や，あるいは空きびんや空きかんに粘土（小麦粉粘土や紙粘土が適しているが…）でおおって，そこにビー玉や木の実，ビンの王冠などを埋め込むような製作を行うようになる．保育者の適切な働きかけや援助が，子どもの活動を発展させていくのである．

いろいろな飾り

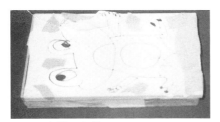

カエルを描いた箱

さまざまな工夫

　上の写真は色紙を貼って，絵を描き加えたもの，右の作品は貼り絵で装飾したものと，持つ部分をつけてバッグにしたもの．大きさを変えてちぎった色紙を重ねて貼ったりしても，おもしろい色の感じがでる．下の写真のようなさまざまな飾る工夫の延長上には，ダンボール箱を使ったトーテムポールのような製作も考えられる．

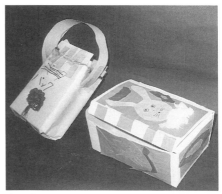

宝石箱とバッグ

いろいろな飾り箱

トーテムポール

(作る)

23. 粘土を使って

　「作る」とか「作って表現する」ということを考える時，まず問題となるのは，何を用いて作るのか，いいかえればどんな材料（素材）を用いて作り表現するかということになる．たとえば，おり紙・画用紙・新聞紙など紙類を用いて作るとか，砂とか粘土などで作るとか，木片とか板などで作るとか，草花とか自然物で作るとか，その他いろいろな表現材料が考えられるわけである．

　ここでは，まず粘土（土粘土）を使って表現するということを考えてみたい．

　「粘土を使って」と題しても，いろいろな活動（遊びの展開）や，さまざまな作り方（表現のしかた）や，作るもの（表現題材）が考えられるが，ここではごく初歩的な扱い――「粘土遊び」的なものを考えてみたい．

　幼ない子どもたちは，誰でも「砂遊び」の経験がある．とくに砂場でなくても，道路や庭の片隅などで，泥んこ遊びをしたり，おだんごを作って遊んだり，川を作って水を流したりするなどの経験は，どの幼児もたいへん興味をもって取り組むものである．

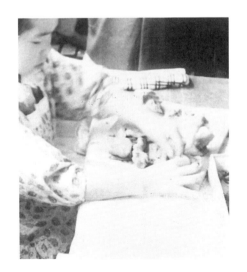

　粘土（土粘土）はこうした幼児の砂遊び・泥んこ遊びの自然な発展として考えられ，自然（天然）の土に親しみ，その感触に接する親しみやすい活動といえよう．

　幼稚園・保育所における「粘土遊

び」とか「粘土を使って」の活動のねらいとしては，次のようなことがあげられる．

a 粘土遊びのねらい

(ア)　自由な粘土遊びを通して，粘土に親しみ，素材に慣れさせるようにする．

(イ)　自由に作りたいものを作らせ，表現への欲求を満足させる．

(ウ)　準備や後片づけなど，自分でできることは自分でやるようにさせる．

b 遊びの展開

(ア)　粘土遊びに適した服装をさせる．

　服装の汚れを心配しては，自由で活発な活動が期待できない．そこでできるだけ軽快で，汚れてもよいような服装に変えることがよい．スモックなどがある場合は，自分で着るようにしむけたい．

(イ)　粘土板に粘土を取り出す．

　各自の粘土板に粘土のかたまりを配ってもよいし，子ども自身に粘土の容器から取らせてもよい．粘土の量は作るものによってで一がいにはいえないが，大人のこぶし大のものを一つぐらい，重さで約 1 kg を与える．

　子どもによっては必要以上に取り出したり，あるいは反対に極めて少量の粘土しか取り出さない子どももいるので，留意したい．

(ウ)　粘土をこねたり，丸めたりする．

　粘土に親しみをもたせ，材料になれさせるためにも，粘土をこねたり丸めたり，細長くしたり，平らにしたりするなどを経験させたい．

(エ)　自由に作りたいものを作らせる．

　作る技法的なものにこだわることなく，たとえば，おだんご，くだもの，ケーキ，お菓子，のりもの，虫，へび，お家，アクセサリーなど，子どもの作りたいものをいろいろと自由に作らせるようにしたい．

　粘土だけを用いて活動してもよいが，木の葉・花・実とか，画用紙，割り箸とか木片などを，あわせ用いて作らせるのもよい．

　なお，終った後の片づけをきちんとさせるとか，手をきれいに洗うとか，よき態度・習慣を身につけさせることにも留意したい．

24. いろいろな動物 （粘土を主に）

　粘土で作るとか，粘土を用いて表現するという場合には，いろいろなものが考えられる．たとえば，友達・家の人・のりもの・ロケット・人形・たてものなど，があげられるが，ここではいろいろな動物・好きな動物を取り上げてみることにした．

　幼稚園・保育所で飼っている動物でもよいし，動物園で見てきた動物でもよろしいし，絵本やお話に出てきた動物でもよい．子どもたちが興味や関心をもっている好きな動物を取り上げるようにしたい．

a　活動のねらい

(ア)　粘土をちぎったり，くっつけたり，丸めたり，細長くしたりするなどして粘土への親しみを深める．

(イ)　幼児の興味や関心をもつ動物を表現させ，表現への喜びを味わわせる．

(ウ)　粘土を用いて，立体的に表現することを経験させる．

(エ)　必要によっては，補助的な材料も用い，工夫して表現することを経験させる．

(オ)　作業後の後しまつを，協力してできるようにさせる．

b　活動の展開

(ア)　粘土の準備をする．

　各自机の上に粘土板を用意させ，腕まくりをしたり活動しやすい服装を整え，準備させる．

(イ)　粘土で，動物を作る話し合いをする．

　どんな動物を知っているか，どの動物を作りたいかなどを子どもと話し合ってみる．子どもたちからは，ゾウ・ウサギ・イヌ・ネコ・ヘビ・キリン・ライオン・ブタ・カバ・ウシ・ウマ・ワニ・ツルなど，いろいろなものがあげられるであろう．これらの動物の特徴とか，作ってみたい形（姿勢・姿態）などについて話し合いを行う．

(ウ)　各自作る動物が決ったら，粘土で自由に表現させる．

他人のまねをさせないように留意したい．子どもたち各自が作るもの（表現の内容）のイメージをはっきりともっておれば，自主的に作るわけだが，そうでない子は（何をどのように作ってよいか分らない子ども）は，とかく友達のまねをすることになる．決して作ることに急がないように指導をしたい．

子どもたちの作っている様子をみると，顔・胴・足などと，部分的に作ってそれをくっつける方法をとっていくのがほとんどであり，また作っている途中で他の異った動物に変ったりす場合もあるが，作り方その他は子どもの自由にまかせるようにしたい．

粘土がかたすぎると子どもは作りにくく，またその反対にやわらかすぎてもいけない．作らせる事前に指導者は粘土のかたさ（やわらかさ）について充分留意しておくことが必要である．

指導者はたえず個々の子どもをはげまし，子どもたちに自主的に作る態度，工夫して作る姿勢を育てるようにしたい．

できあがった作品について，みんなで話し合ったりするのもよいし，作ったものを集めて動物園や遊園地作りへと発展させてもよい．

c　補助材について

必要な時には，割り箸，ストロー，竹ひご，ひも，ボタンなどの補助材を出すことも考えてよい．しかし，補助材を使うことにウエイトがかかって，本来の粘土を用いて表現する気持ちが薄れないようにしたい．

キリンの首など，長く表現したいものを工夫するプロセスにあるときなど，タイミングを見計って提供することを考えたい．また，粘土は充分に与えることにしたい．

25. 紙粘土

a　素材について

　一般に粘土と呼ばれているものには，（土）粘土，油粘土，紙粘土があげられる．その他着色されたビニール粘土とか小麦粉粘土も市販されているが，これらは幼稚園・保育所などの幼児の自由な表現材料としては，どちらかといえばあまり適していない．

　ふつう最も多く用いられているのは，（土）粘土や油粘土であるが，ここでは紙粘土を用いての製作をとりあげてみたい．

　紙粘土は，原料の紙パルプに少量の接着剤を入れて，混ぜて固めたものである．古新聞紙を細かくちぎって水に長時間つけておき，どろどろにしたものに少量ののりを入れてよくかき混ぜて，火にかけて水分を蒸発させ自分で作ったりすることもできるが，やはり市販のものを購入した方が便利で使いやすいといえよう．

　紙粘土の特徴は，紙粘土で作った作品をよく乾燥させ，その上から水彩絵の具・ポスターカラー・サインペンなどで，着色することができるということにある．さらにその上から透明ニスなどを塗ると，光沢のある焼物に似たものをこしらえることができる．

　ただしふつうの（土）粘土に比べると，粘性と可塑性といった点では劣っている．したがって立体的なものを作る場合は，木片などの芯を入れるとか，空きびんや空きかんなどの上に巻きつけて（貼りつけて）作るようにする．

　またふつうの（土）粘土は，水分が蒸発して固くなると，また水を与えてやわらかくするということができるが，紙粘土の場合は固くなった場合はこのような再生がきかないというのが欠点ともいえる．

b　活動の展開

　紙粘土を用いて作らせるということを考えるにあたって，まず大切なことは上記にも述べたような紙粘土の長所―短所をよくわきまえて，その上で長所・利点をうまく発揮することができるような題材（表現内容）を取り上げるとい

うことにある．

つまり紙粘土で作ってから，乾燥させてその上から絵の具で着色し，またその上からニスを塗ったりして仕上げることを予想して題材を選ぶようにしたい．

たとえば，コップや皿，空かんや空びんの上に紙粘土をくっつけた，花びんや人形・指人形・身につけるブローチやアクセサリーなどが考えられる．

右図は，クリップに紙粘土をくっつけて作ったブローチ，ひもを紙粘土ではさんで連ねて作ったネックレス（首かざり）である．着色しその上からニスを塗って仕上げるとおもしろい．

ブローチ

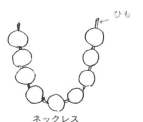
ネックレス

おにんぎょう

ジュースやサイダーなどのびんを芯にして，その上に紙粘土を巻きつけて作る．

左の人形は，身のまわりの布きれや毛糸をさらに巻きつけて作られている．

紙粘土をびんにくっつけて，乾燥してから，顔や洋服などを着色しても，おもしろいものができる．

26. 新聞紙などを使って

　新聞紙や包装紙，色紙などを，破いたり，切ったり，丸めたりして遊ぶ活動の重要性についてはすでに述べた．この活動は，0歳から6歳までそれぞれの発達段階と状況に応じて，どのようにでも取り組める魅力的な活動だが，同時に，子どもの経験している活動内容の質が捉えにくく，その場限りのただ発散する活動になったり，逆に保育者の側でさせたい活動の導入としてだけの活動になったりすることが多い．夢中になって紙を破いたりして遊んでいる子どもたちと一緒に動きながら，その子どもの気づきや，何をおもしろがっているかを理解していく必要がある．そして，その子ども自身の興味や関心にもとづきながら，そうした遊びを次のステップへとすすめていく働きかけを考えなければならない．

　たとえば年少児が破ったり，ちぎったりがまだ十分にできない段階で，新聞紙をかぶって遊んでいるような状況であれば，穴をあけて新聞のドレスを作ってあげると，子どもたちは一層喜こぶだろう．破くこと自体に興味の強そうなときには，長く破く競争をしたりすることから，ハサミを使ってのソバ作り，長い送路作りなどを想定することもできる．また丸めて投げることに興味があるようであれば，セロハンテープなどでボールにしてもよいし，丸まった形から，イモやナスといった野菜のイメージに気づかせることも可能だろう．

　子どもたちの興味や関心から，どのような活動をイメージできるかは，保育者の力量によることが多い．ちぎって破いた紙の形の中でおもしろそうなものを見つけて子どもに問いかけることから，形みつけ，貼り絵の製作と発展することもあれば，吊るす飾りや室内装飾へと展開することもある．あるいは新聞紙を巻いて筒にし，チャンバラ遊びから，もっと細く巻くことが強くなることを知り，さまざまな製作物に活用することもできる．

　こうした自在な展開を可能にするためには，保育者自身が新聞紙などを使った活動をどれだけ多様にイメージできるかによるのである．

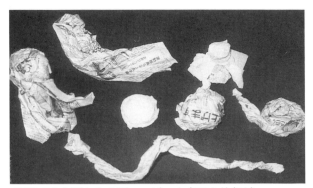
隅然できた形から人形・ヘビ・カタツムリなど

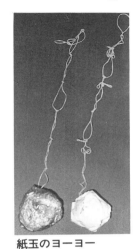
紙玉のヨーヨー

平面の形みつけから貼り絵に

アヤツリ人形

迷路作りから遊園地作りへ

27. 紙の袋を使って

　紙袋は手紙の封筒のような小さなものから，買物のときに使用するもの，あるいはお米を入れる大きなものと，大きさもいろいろあり，その材質や構造もさまざまである．幼児にとっても身近かな生活材で，手に触れた経験は誰でもがもっている．

　そうした紙袋を使った造形活動も，その大きさや材質，構造によって多様に考えられるが，ここでは，紙袋に紙くずなどを入れてふくらませ，隅然できた形からイメージされたものを作りあげていく活動をまず考えてみたい．この場合，ふくらませすぎると，自由なイメージは生まれにくいし，同じ型の紙袋ばかりだと，イメージに広がりがもてないので，そのあたりを充分に配慮する必要がある．ひもや輪ゴムでくくったり，ガムテープなどを利用していくつかの不定型紙袋を用意しておくと，子どもはその形からイメージされたものを，クレヨンなどで描き足すことで明らかにしていく．このとき，破いたり，穴をあけたり，切ったりする，いわゆるマイナスの造形技法も，また，毛糸やボタン，色紙などをつけ加えるというプラスの造形技法もともに有効である．子どもたちの利用する技法にかたよりがある場合には，保育者の方が新しい技法に気づかせる働きかけも必要となってくる．

　また，顔を入れることができるような大きさの紙袋では，かぶって遊ぶような活動から，手を加えてお面にしたり，あるいは帽子とかカブトにすることも考えられる．この場合もたとえば髪の毛を，毛糸などを貼って作ることもできるし，袋の一部にはさみをこまかく入れてすだれ状にして，それを巻くようにして，それらしく表すこともできる．

　やっと手を入れることができるような小さな封筒などは，少し手を加えるだけで，指人形にすることができる．人形や動物の顔を描いて，動かすだけでもいいが，封筒の横に指をだす穴を二つあけると，それが人形の腕のようにみえることでおもしろく遊ぶことができる．

作る

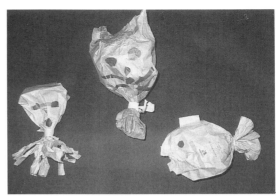

紙袋につめものをして、ひねったり、一部を破いたりしたうえで見えるイメージを表すために色紙を貼った。

（4歳児）

小さな封筒に顔や手足を貼りたし、指人形にしたもの。封筒そのものに絵を描いてもおもしろい。

（4歳児）

下はかぶって遊ぶ紙袋の製作。

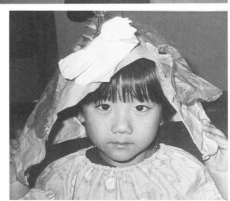

28. 空箱の利用

　同じ大きさの空箱を二つ使って，それぞれの面に絵を描いたり，貼り絵をしたりして，その絵の組み合わせを楽しむ遊びを紹介しよう．たとえばひとつの立方体にある六つの面に，それぞれ動物を描き，もうひとつの箱の六つの面には，その動物の子どもを描いておくと，ちょっとしたなぞなぞ遊びに使うことができる．また，二つの面を合わせることで完成する絵にしておけば，パズル的な楽しみ方ができる．保育者の手作りによるこうした空箱の遊具は，保育所の乳児にも使用できる魅力があるし，そのおもしろさによって，子ども自身が自分たちで作ろうとする動きを誘発することにもなる．子どもたちが園生活の中で手近かに触れることのできる遊具を，保育者が工夫して製作することをもっと考えてもいいと思う．そして，作るプロセスを子どもの目に触れるようにしたり，あるいは部分的に手伝ってもらったりすることは，子どもの興味や関心を無理なく製作に向けることにもなる．

　空き箱の六つの面を利用する場合には，絵などを描く前に，ふたを閉めてのりづけしたり，全体を一枚の紙や布で覆ったりしておくとよい．また画面も工夫しだいで，そのときどきの子どもに見合ったものを考えることができる．箱を三つ使って，顔と胴と手，腰から下と描きわけ，積み重ねて着せ替え人形のようにすることもできる．

続き絵箱の作り方

- 図1のように巻くテープを用意する．テープの長さは，空箱の2回り半で，幅は空箱の縦の長さを3等分したものである．
- 図2のように空箱を巻いて，斜線部分をのりづけすると，図1のような状態になる．
- 図3のテープでつながった二つの箱を合わせ，①と④の2面を最初の一場面とし，②と③が次の場面となるように二つの箱を開いて動かしてみる．
- スムーズに動くようであれば，各場面（①と④，②と③，⑤と⑧，⑥と⑦）に，情景の大きく変わる短編絵物語などを絵図でまとめると，箱を開閉することで場面がくるくると変化する続き絵箱が完成する．

　場面は4つなので，4コマ漫画の要領で，起承転結を工夫したり，あるいは一台の自動車や汽車がいろいろな場面を通っていく様子などを絵にしていくことで，絵が変っていくおもしろさが倍化する．

　仕組みや技術的には簡単な製作なので，子どもと一緒に作ることも可能である．

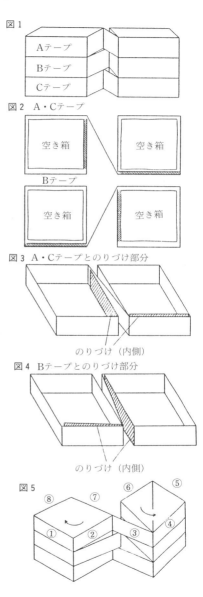

29. 身の回りの材料を使って

　私たちの身の回りには，生活の中で使用された割り箸，ストロー，さまざまな包装紙や新聞紙，あるいは，発泡スチロール，紙コップや紙皿や牛乳パックといった紙の容器，木切れ，空びんや空かんといった，身近かな題材が，たくさんある．すでに紹介した空箱や空かん，また，新聞紙を使う活動も，広い意味ではこの身の回りの材料を使った製作に含まれる．

　ところで，この製作の魅力について考えてみると，大きくいって次の三点があげられるだろう．①　子どもにとって身近かな素材であること．そのために材料に触れる経験がスムーズに行われやすく，また手に入れやすいという特質があること．②　多様な材質，形体，色彩があること．したがって，子どもたちの発達段階やその状況，あるいはそのときの必要感など，子どもの興味や関心に対応した材料の選択ができること．③　生活の中で使用された機能とは別の要素に目が向けられること．つまり，ティッシュペーパーをいれてあった紙の箱が，子どもたちによって自動車やビルディングに見立てられ，作り替えられていくということは，社会的な通念に縛られず，自分でモノと出会い，自分なりに考えて表現するという，創造的な営みを，子どもが行っていることになるのである．

　その意味では，子どもたち自身が多様な素材を自由に使いこなして，自分のイメージを実現することが望ましい．そのためには，保育者がそうした材料を収集しておくだけでなく，子どもたちがどこにいけばどんなものがあるかがわかるようにしておくことが大切である．素材別であるとか，大きさによる分類とか，分類方法はいろいろ考えられるが，いつも一定の場所に決められたものがあるように整理，保管しておくことが，子どもの立体的な製作を可能にする条件になる．一緒に遊ぶ中で，保育者の側からアイデアを提出することが必要な場合もあるので，保育者自身がいろいろなアイデアを知っておくことは大切だが，保育者の指示によってのみ子どもに作業させるような活動の展開は考えるべきではない．

作る

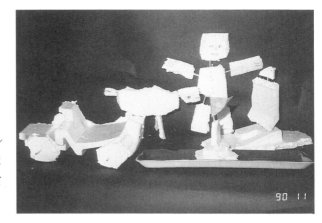

パック皿や，発泡スチロールに竹ヒゴやつまようじを使って
（4歳児）

紙皿，石けんの空箱，牛乳のふた，びんのふたなどを使って
（5歳児）

身の回りの材料を使った動物園作りは，4歳児クラスの共同製作である．

30. こいのぼり

　大・小さまざまなこいが，空高く泳ぐ情景は，勇壮で季節感にあふれるものである．5月になると，どこの幼稚園や保育所でも，園庭でこいのぼりを上げて祝っている．園によっては月刊絵本や雑誌の付録についてくる切りぬいて貼りさえすればできるようなこいのぼりを製作させて，家庭に持ち帰らせることもある．保育の世界では，伝承行事ごとに保育者の号令で何かを一斉に作らせ，それを家庭に持たせて帰ることが流行したことがある．いかにも保育をしていると家庭にアッピールできるような気がするし，5月はこいのぼりで，6月は時計などと決めておけば，保育者にとって指導しやすいからだろう．そして，家庭に持ち帰らせることを考えると，どの子も同じように作ることのできる付録のこいのぼりが便利なのかもしれない．

　しかし，そうした保育は「行事保育」「おみやげ保育」として問題視される傾向が強くなった．幼児の主体的な生活を重視する新しい「教育要領」や「保育指針」が示されて以後，保育者主導型のこうした製作活動を行う園は少なくなった．といっても，行事に関係する製作活動が望ましくないというわけではない．たとえば3歳で入園してきた子どものことを考えれば，クラスのみんなで大きな一枚の紙や布に手型を押したり，絵の具でぬたくりをしたものをクラスのこいのぼりとして園庭などであげてあげれば，クラスの一員としての意識が芽生えるきっかけになることもあるし，また，5歳児であれば自分のこいのぼりを作りたいと思うかもしれない．そうしたときに，保育者が，以下に紹介するような多様なこいのぼりへの取り組みを知っていさえすれば，行事に関する製作を通して，子どもが園生活の主体者としての実感を獲得することも可能だからである．

　ここでは，こいのぼりの製作を例にとって説明したが，他の行事に関係するさまざまな製作活動も，子どもの興味や関心にもとづき，その発達のプロセスの中で必然性のある取り組みになるように考えることで，保育における行事本来の意味が生かされるのである．

作る

　写真左のこいのぼりで，一番上にあるのは，全紙大の画用紙に，うろこ状に色紙をはったもの．中央が布を細長く切って，ホッチキスでとめて筒状にしたものに画用紙で作った目をつけたもの．布には染料を使って，着色してある．また，下のこいのぼりは，大きな包装紙に，型をそろえたうろこを貼ったものに，油性インクで目を描き入れてある．

　いずれも5歳児の作品だが，大きさや技術の内容を変えることで，3歳児にも手作りのこいのぼりは可能である．

　一枚の大きな紙や布を利用してクラス全体で取り組んでもいいし，一人ひとりが扱える大きさで，さおの先につけて，園庭を走り回るようなものでもいい．子どもの状態に合った柔軟なこいのぼり作りを考えたい．

　右下は手型押しを利用したクリスマスツリー，台紙は保育者が作ったものだが3歳児にとっては，「自分たち」が作った行事用のツリーなのだ．

31. 手さげ袋やかご

　子どもは手で持てる袋やかごが大好きだ．それにリボンなどをつけてあげるととても喜ぶ．そして，ままごと用のお金だとか，大事にしているシール，お気に入りの木の実やビー玉などをそれに入れたり出したりすることを楽しむ．身近かな材料を使って，自分たちの手で作ることのできる手さげ袋や手さげかごを考えてみよう．

　袋やかごは基本的にものを入れて運ぶ機能が満たされなければならない．初期の段階ではそれにあまり捉らわれる必要はないが，製作を繰り返し行うときに，何を入れるのか，そのためにはどんな大きさや形がよいのかを，おおよそ考えられるように働きかけていくことも保育者として意識しておきたい．また，作っておしまいではなく，できた手さげの袋やかごを利用する状況も用意すると，製作のもつ機能的側面への理解を助けることになる．

a　製作上の留意点

(ア)　既製の袋や箱の形体や機能を生かして製作する場合と，一枚の平面的な紙から袋やかごを作る場合とが考えられる．子どもの状態によって材料の選択を適切に行う必要がある．

(イ)　一枚の紙から作るときには，その形状にするための工夫や技術，底のつけ方や取っ手の作り方，あるいはひものつけ方など，幼児だけでは解決できない課題もある．どのような技術をどの程度伝えるのか，そして，何を援助し，どこまでは子どもにまかせるかを状況に応じて判断していくことが大切である．

(ウ)　手さげ袋やかごの製作では，さまざまな接着の技術が求められる（のりでつける・セロハンテープやガムテープを使う・接着剤を使う・ホッチキスで止める・ひもでしばる・糸で縫うなど）．求められる機能と子どもの年齢や経験を考慮して，できるだけ多様な接着の方法を知る機会となるように考えたい．

(エ)　作る―それで遊ぶ―作り替えるといったプロセスを大切にすること．そのためには手順通り作らせるような指導はさけたいものである．

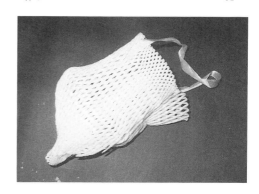

さまざまな製作物

　このページに紹介した作品はすべて幼児の手になるものである．左上は3歳児が，紙皿に取っ手のテープを接着して作った手さげかごで，内側と外側には色紙が切り貼りされている．右上は発泡スチロールのネットを利用したもので4歳児が作った．下のいろいろ手さげの袋は年長児の作品である．さまざまな工夫と装飾が，それぞれの子どもなりになされていることに注目したい．

32. 動くおもちゃ

　とくに年長の子どもが興味を示す製作活動のひとつに，動く玩具作りがある．動く仕組みや原理についての理解は不十分でも，作ったもので遊び，遊びながらどうすればもっと動くか，遠くまで走るか，早く動くかを考え，子どもなりに工夫する姿がでてくることが多い．

　風や水の流れ，空気の抵抗，あるいは手で動かした結果の，慣性や弾力，復元力を利用したものも，子どもにとっては楽しい動くおもちゃとなる．簡単な紙飛行機，ヘリコプター，UFO などは，3〜4歳で十分に楽しめるおもちゃであるし，作ることも可能である．また，5〜6歳になれば，ゴムを動力源とした動くおもちゃの製作も可能になる．どちらにしても，こうした製作では，よく動くための仕組みや工夫が製作上のポイントとなる．子ども自身が試行錯誤の中で発見することはもちろん大切だが，子どもの状況によって適切なアドバイスを与えないと，活動や遊びの取り組みへの興味が薄れてしまうことも多いので，注意して子どもの様子を見守る必要がある．

　また，子どもの興味や関心を引き出すためには，動く仕組みがわかりやすいおもちゃを子どもの生活の中に取り入れることも大切である．簡単な仕組みをもつものを手に入れて使用させたり，あるいは保育者自身が製作しておいて，それで遊ばせるような活動も心がけたい．

　日本の各地にある伝統的なおもちゃや，世界の民族に個有のものに目を向けると，最近の電気を動力としたおもちゃにはない，素朴であきのこない魅力的なものがたくさんある．しかもそのほとんどが，幼児にもわかりやすい仕組みのものばかりである．そうしたおもちゃを発見し，保育の中に持ち込んだり，あるいはその仕組みを生かして保育者が製作のための手立てを伝えていったりすることは，環境による保育の基本的な精神でもあるだろう．

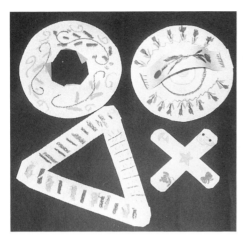

くるくる回わる

　左上の写真は、ブーメランや手裏剣、UFOなど．投げるとくるくると回って飛ぶ．右上の風車は、円形の紙の一部に切り込みを入れて円錐形を作り、その周囲に切り込みを入れて折り曲げて回転を助ける羽となるようにしたものである．糸につけて持って走っても、天井から吊るしても、くるくる回っておもしろい．下の作品はちょっと押すだけでくるっと回って、ネズミをまき込む．横につけた顔の表情が変わるのもおもしろい工夫である．

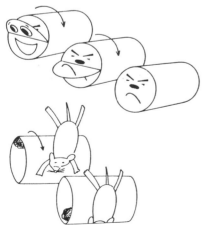

ゆらゆら揺れる

上の二輪車は二枚の車輪を、ストロー（短かいものでよい）を通した竹ひごでつなぎ、そのストロー部分にセロハンテープなどで十文字にもう一本のストローをとめ、そこに動物や人を切りぬいて貼り、下の部分に油粘土のおもりをつけた。車輪を押して動かすと、バランスをとって揺れながら走る。ストローの先端が曲がるものに首をつけておくと、首を振り揺れながら走っていく。

とことこ走る

紙コップや紙皿を利用した動物たち。中にビー玉を入れて斜めのところに置くだけでも走るが、右図のようにゴムを使って走らせることもできる。

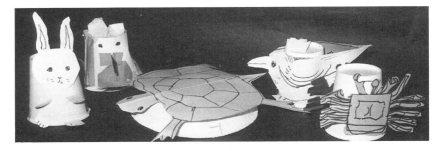

作る

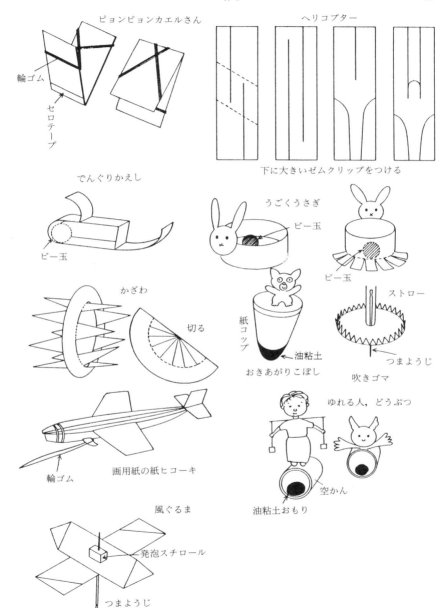

（みんなで力をあわせて）

　造形表現に際し，自己の課題に向かってひとりで製作する方法は個人製作と呼ばれている．これに対し，ひとつの作品に向かって大勢で取り組む製作方法がある．これは「グループ製作」とか「共同製作」とか言われている．集団で企図したものに取り組むこの製作方法は，自己中心的で，仲間意識さえ薄い幼児にとっては大変困難なことと言える．もとより，リーダーを決定し，全体を想像しながら仕事の分担をするなどの，意図的計画的な本来の意味での共同製作は，幼児の段階では無理であり，小学校の中，高学年を待たねばならない．

　したがって，幼児期に行われる共同製作は，遠い将来にねらいをおき，幼児の発達や実態に即したものでなければならない．いわば，幼児に「集団による製作」の存在を意識させたり，気付かせたりすることで充分なのである．さらに，この集団による製作は，力をあわせてみんなで作る〈よせがきの絵〉や〈もちよりの工作〉を意味し，これらを共同製作への出発点と考えて指導にあたることが通例である．

　そこで，共同製作の出発点での主な留意点を考えてみる．

　(1)　集団内で，保育者と幼児，幼児と幼児等の人間関係がある程度スムーズになっている時期を待って計画すること．

　(2)　テーマにおいては，集団で取り組むのにふさわしい，大きさや広がりをもったものを設定すること．

　(3)　素材や材料も多人数で扱い易いものを選定すること．

　(4)　幼児の活動が充分できる環境や場の設定を考慮すること．

　(5)　題材は，平面か立体か，行事や他の領域との連携，遊びとの関連等の多面的視野から考えて選定すること．

　(6)　製作時，偶発的に幼児の側から良いアイデアが出た場合は，これに対し保育者が柔軟に対応できる余裕をもった計画であること．

　(7)　保育は常に，計画的でありまた発展的である．総合的な活動としてねら

いを優先させることなく，共同製作に取り組むこと．

(8) 年齢や発達の特徴を重視し，背のびした無理な内容を押しつけないこと．

以上のような点を配慮し，幼児一人ひとりの意欲を喚起することができるならば，出発点としての共同製作はさらに本格的な方向へ向かうであろう．くわえて，幼児の集団による製作活動を観察すると

(1) 大勢で作品を作ることにより，自分ひとりではできないものが可能になることを知る．

(2) 複数の人間でひとつのものを作るには，話し合いや計画性が必要であることに気付く．

(3) 与えられた条件の中で創意工夫し，自己を発揮できることを知る．

(4) 大きな絵を描くという新しい体験を通し，ものの見方や表現の幅が広がることを意識してくる．

(5) 新たな人間関係の芽ばえや広がりを経験する．

など，協調性や社会性はもとより，幼児の自発的，自主的態度が発揮されることを見いだすことができる．

つまるところ，基本的なところさえ的確に押えて指導をするならば，幼児にとってこの出発点としての共同製作は，さほど困難なものではない．むしろ，多くの幼児全員が参加し，ひとつのものを作り上げた時の成就感は幼児にとって大きな感動や自信をもたらすにちがいない．そして，この幼児の活動を支えるものは，保育者の幼児1人ひとりにくまなく向けられた目と，幼児の感動を自己のものとすることのできる感性にほかならない．

町作り．子どもたち同士でイメージをだしあいながら作っていく．子ども同士の結びつきが育っていることが条件になる．

保育者の作った背景に子どもたちが作ったものを貼って，ひとつの画面を構成したもの．子どもたち自身に共同の意図はないが，みんなの作ったものが，あるまとまりになっていることの経験は，将来の共同製作の原点になる．

共同製作といっても，特別のことではない．同じ遊具で遊びを共有する場合にも，すでにそうした要素が取り入れられている．

年長児の遊園地作り．並べてみて，新たに作り加える動きもでてくる．

33　大きな絵を描く

　みんなで，統一した課題をもって，ひとつのまとまりある作品を目指す前に課題を決めず，完成を目的としない純粋に材料体験そのものをねらいとした経験を経ることが幼児にとって大切なことである．たとえば，

(ア)　庭や砂場に棒などで線や絵を描かせる

(イ)　黒板に自由に絵を描かせる

(ウ)　包装紙など大きな紙に，絵の具でフィンガーペインテングや手型押しをして遊ばせる

などの造形的集団遊びを通して，次の段階とも言える協力して大きな絵を描く方向へ進むと，幼児も自然と流れについてくることができる．

　次に課題については，幼児の興味や経験にあわせ，大きさや広さや変化のある内容のものを与える．例として

(ア)　「海の中」「動物園」「いろいろな車」など，魚，動物，車といった形や色に変化のあるもの

(イ)　「お花畑」「わたしたちの町」「夢の中の森」など，同じ色，形のものでもたくさん集まると，ひとつひとつ見るのとは違う魅力をもっているもの

(ウ)　「イモ堀り」「運動会」「遠足」など幼児の生活経験に基づいていて，いろいろな場面設定が考えられるもの

などがあげられる．この課題を具体化する製作方法であるが，これは幼児の年齢や発達の状況により，幼児をどの程度計画に参加させるか，どの部分を役割分担させるかなど，保育者の実態把握からの判断によるところが大きい．

a　製作方法の例

(ア)　保育者が一枚の大きな紙に場面設定をし，幼児一人ひとりの描いたものを切り取って持ちより，その大きな設定された紙にひとつひとつ貼ることにより作品を完成させていく

(イ)　保育者が設定した大まかな画面に，幼児が寄り集まってめいめいが好きなものを描いていく

㈦　幼児たちの自主的発言や行動にある程度まかせ，保育者は助言のかたちで
　　参加し作品を作っていく

などいろいろなケースが考えられる．つづいて，製作の環境としては，

㋐　保育室の床に紙をひろげ，座って描く

㋑　机にベニヤ板を敷き，その上に紙や道具を置いて立って描く

など幼児の活動が，個人製作と違い活発になることを考慮する．

　材料や道具についても，既製のものにこだわらず大きくのびのびと表現でき
ることを考えて用意する．

㋐　紙は，全紙大の画用紙，ラシャ紙などの他に包み紙，渋紙や，デパートの
　　紙袋を開いてつないだもの，ダンボール箱を開いて平面にしたものなど工
　　夫して与えるとおもしろい．

㋑　描画材料は，クレヨン，パス，水彩絵の具の他に，サインペン，墨，ポス
　　ターカラー，インクなどで，これらを併用したり，絵の具に砂や灰などを
　　混ぜると変化のある絵肌を得ることができる．

㋒　描画の道具は，既製の筆にこだわらずハケ，ローラー，割り箸ペン，タン
　　ポン，スポンジ，布，霧吹き等々を内容に応じて用意する．

　いろいろな材料や道具を日頃より体験していると，表現の方法や幅が広がり
内容に豊かさを増すことができる．また材料や道具は内容に合ったものを選考
し，幼児の活動を充分満足させるに足る量が必要である．ちなみに，描くとい
う行為のみでなく，作るということも含めて，モザイク式，タイル式，コラー
ジュ式そしてレリーフなどの各共同作品も製作の範囲とすべきである．

　ともあれ，みんなで力をあわせて大きな絵にすることからはじめ，将来的に
は共同製作としての「紙芝居」や「カレンダー」，そして「絵本」などのまとま
りある作品への発展させる楽しみが，幼児や保育者に生まれることが大切であ
る．また「大きな絵」は，壁面装飾や劇の背景などの用途や役割をもつことが
できることを，ゆっくり意識させていくことも重要である．

みんなで力をあわせて

長い大きな紙を用意して刷毛でのぬたくりや，手型押し遊びなどをみんなで楽しむ．ともに描くことの楽しさが味わえる．

ひとつの画面をみんなで作る．クラスの仲間が登場するこの画面はそのままクラスの壁面に飾られていた．

森の中という設定で，多くの動物や木を作り，貼り込んでいった．水彩やパス類で描くよりも，こうした貼り込む形の方が失敗して他の子どものものを汚したりする不安は少ない．

34 大きなものを空箱で作る

　幼児が容易に経験できる立体としては，粘土や空箱があげられる．前者は可塑性のあることが材料としての特徴であるが，後者は箱を既存のままで使用することが多く，幼児にとってその組み立てを楽しむ材料である．したがって空箱による製作のねらいは，箱と箱の組み合わせである構成のおもしろさや仕組みなどの構造の工夫にある．加えて，みんなで作ることから規模の大きさが興味の対象となる．

　さて，ここでも集団でひとつの作品を目指す前に，前項の〈大きな絵を描く〉と同様に，日常の材料体験が大切である．たとえば，日頃より保育室の隅に大きなダンボール箱を用意し，いろいろな形の空箱や空パックを集めておく．そして，課題や目的をもたない単なるオブジェ作り，あるいは素材と触れ合う経験を自由にさせる．このような集団遊びによる活動に慣れておくと，材料体験と同時に自然と仲間意識も養われる．充分な準備段階をふまえて，グループ製作や共同製作に進むと活動は比較的流れやすくなる．

　ところで，課題についても前項同様，集団で活動するにふさわしい大きさ，広がり，変化，さらには深まりなどの内容をもったものがよい．

(ア)　「わたしたちの町」「動物園」「ふしぎな森」など個人やグループで作ったものを集合させてひとつの統一あるものとする．

(イ)　「のりもの」「ロボット」「怪獣」「ロケット」など形に変化があり，幼児の興味や関心の強いもの．

(ウ)　「お城」「おみこし」「バス」「遊園地」など作ってみんなで遊べるもの．

　幼児が意欲的に取り組むためには次のようなことにも留意したい．

(ア)　幼児の活動の場所と時間を充分に確保する

(イ)　材料の空箱は質量ともに幼児が満足いくほどに用意する．

(ウ)　基本的には幼児の自主性や創意工夫にまかせるが，基礎や固定のしかた，骨組みや力のバランス，それに接合，接着の部分などは一般に保育者の補助を必要とするところである．

みんなで力をあわせて　　103

みんなも一緒に素材に触れ，遊ぶ経験が，共同製作の土台になる．それぞれの思いでのダンボール箱とのかかわりが，次第に共有化されてくるプロセスでもある．

牛乳パックを使った家作りは，ままごとの中で取り組まれた．自分たちで作った家は，遊びそのものの質を豊かなものにしていく．

年長児の手で作られた巨大な怪獣は，年少児にとって魅力的な遊具にもなる．思わず触れ，自分なりのイメージを具体化しようとする姿も見られる．子どもたちの自由な参加を保証したい．

35　園行事の中で

　集団による造形活動は，行事や催物である幼児の集団の生活と深いかかわりをもっている．行事などは，しばしば事後に絵の課題として取り入れられることが多い．しかしこのように行事を受身的にとらえるばかりでなく，積極的，自発的に幼児が行事に参加していくことを第一とした造形活動を計画することが，行事にとっても，造形活動にとっても大切なことである．

　この意味からすれば，行事の事前準備としての，みんなで力をあわせて行う造形活動は，生活の内容を豊かにしたり，深めたりするし，幼児の意欲も喚起する．さらに，このような活動を通して，幼児の連帯感や協調精神も自ずと培うことができる．また，造形的な面での飾るデザイン，知らせるデザインなどの意識の芽ばえも期待できる．

　さて，以上のような行事とのかかわりからすると，さまざまな場面に造形活動が展開される．「七夕」を例にとると，七夕飾りを全員で作るとか集会のお知らせのパンフレット，ポスターを作るなどをあげることができる．

　「子どもの日」のこいのぼりや，「節分」のオニの面など，季節の行事に特有の製作物も多い．しかし，こうした製作も子どもの状況や，経験などを踏まえて，多様な活動への取り組みをイメージできないと，子どもを受身にしてしまいやすい．毎年同じような材料と指導によってパターン化してしまわないように考えたい．

　また，園生活における特有の行事，たとえば誕生会や運動会，生活発表会，あるいは入園式や卒園式といった式典も，子どもの主体的な取り組みが期待される以上，その状況や場をみんなで作ることを考えることもできる．ただこうした園行事は，行事そのもののイメージを子どもと一緒に作っていく姿勢が必要となる．子どもにその行事のイメージがない場合には，どうしても保育者の指示に従って作るという下請け作業になりやすい．その意味では，園生活に対してある程度の見通しがもて，仲間と話し合って，主体的に生活を営むことの可能な年長児に適した活動といえる．

持ち寄り共同製作でもある吊るす飾り。こんな簡単なものでも，劇活動の大道具や，入園式，卒園式といった行事のさいの雰囲気を楽しいものにする飾りになる．

七夕飾りは「吊るす飾り」が中心であるが，工夫によってバラエティ豊かな活動となる．伝承的な紙細工を伝える機会にもなるし，日頃の製作物をそのまま飾ってもおもしろい．

グループ毎に大きなダンボールを利用してお面（顔）を作り，それを重ねてトーテムポールにした．これもそのまま運動会などの入退場門として行事に利用できる．

第6章　指導の計画・方法・留意点

(1)　指導計画の必要性とその意義

　何事を行うにも，確実にあるいは合理的・能率的に行うためには，事前によく考えて，しっかりとした計画をたてるということが大切である．

　特に子どもを対象とし，最も有効・適切な教育活動を営まんとする保育・教育にあっては，計画をよく考えて，しっかりとした指導計画を作成することが必要となる．

　指導計画を事前に作成し，その通りに指導（保育）を実践・展開していくということは，活動が非常に形式的なものになったり，あるいは子どもが型にはまったりしていくのではないかという意見もあるが，それは指導計画というものの考え方や扱い方の間違いといってよい．

　指導計画は決して形式的な存在ではなく，また子どもを型にはめ込んだりするためのものではない．型にはめ込んだ指導とか教育が行われるのは，指導計画についての考え方もあるが，むしろ指導の方法とか子どもの扱い方などによるものといえる．

　指導計画を作成するにあたっては，周到な準備と適切な手順を経て，実際に有効・適切な教育（保育）が展開されるものでなければならない．

　また指導計画の運用・取扱いといったことも大切である．保育の実際では，事前の周到な配慮のもとに作成された計画とはいえ，幼児の活動と食い違いが生じたり，さまざまな条件などによって，必ずしも指導計画どおりにはならないことがある．そのような時には，無理をして事前に作成した計画どおりにやろうとするのではなく，状況に応じ，たえず幼児の活動とか実態をまず第一に考えるような，指導計画の弾力的な取り扱いが大切である．

(2) 指導計画の基本

　指導計画というものは，幼児が最も望ましい経験や活動が営むことができるように事前に立案された一つのプランであるが，この指導計画が本当に役に立つ有効なものであるためには，指導計画を立案・作成するにあたって，いろいろな条件とか配慮せねばならない留意点が考えられる．

a　幼児の実態の把握

　幼児教育に限ったことではないが，教育の主体者は子どもである．したがって指導計画作成にあたっては，まず幼児のもついろいろな面での実態というものを，的確にとらえていることが大切である．特に

(1)　幼児の身体的な成長発達について

(2)　どの程度の能力をもっているのか

(3)　どんなことに興味や関心をもっているか

(4)　どのような経験をもっているか

などについて，把握することが必要である．

b　家庭の実態や要求

　幼児にあっては，家庭の環境とか条件，父母の教育に対する要求などが発達に影響することが多い．したがって指導計画作成にあたっては，次のようなことがらについての考慮も必要である．

(1)　家庭における教育的な環境について

(2)　家族の構成について

(3)　家庭における幼児の生活行動や生活様式

(4)　家庭における教育に対する関心度

(5)　幼稚園（ないしは保育所など）の教育に対する要求

c　地域社会の実態や要求

　現代の教育の考え方では，地域社会との結びつきとか，地域社会との関連を考えていくことが一つの大きな特色ともいえる．地域社会の実態とか要求を考

えるということは，前項の家庭環境とも大いに関連があるわけであるが，ここでいう地域社会というのは，まず子どもを中心として考えて，その子どもの家庭やその子どもが教育をうける幼稚園ないしは保育所などを包んでいる地域社会という意味である．

したがって指導計画の立案にあたっては，次のようなことがらについて考慮しなければならない．

(1) 地域社会の構造とか特色について

(2) 地域社会における教育的な環境条件

(3) 地域社会からの要求など

d　幼稚園（保育所など）の環境条件

指導計画の立案にあたって，子どもの能力と実態，その他いろいろな条件や要求などを考慮することもさることながら，望ましい指導計画を立案したとしても，それを実践・展開する幼稚園（保育所）の人的構成や物的な環境条件が整っていなければ，望ましい実践を展開することは望めないわけである．

そこで指導計画作成にあたっては，次のような実態をよく把握することも大切になる．

(1) 指導者の人的な構成・能力など

(2) 園庭（運動場）や建物などの環境条件

(3) 材料・用具や施設・設備などの物的条件

e　指導の目標（活動のねらい）の設定

指導計画を作成するにあたって，いろいろな条件をふまえながら指導の目標（ないしは活動のねらい）を，適切に設定することが，まずはじめに大切なのである．

先にも記したように指導計画をたてて子どもをそこへ計画通りに追い込んでしまうということでは決してなく，あくまで子どもをよく見つめ，子どもの実態とか実情に即し，子どもを中心とした計画であるべきだし，また具体的な保育の展開もそうでなければならない．

しかし，指導計画の立案は，教育の目標を達成するための方向性がなければ

ならない．ただ目前の子どもの姿を追うのではなく，それぞれの現場で目標とする望ましい成長や発達の姿を実現していくために必要な経験や活動のありようを考え，それぞれの経験や活動における具体的なねらい（指導の目標）を設定することが大切である．

　造形表現の指導という観点からは，基本的な指導のねらいについては本書の第3章で述べているが，さらに具体的な計画を立案するにあたっては，年間を通しての計画をよく見つめて，重複とか間隙などがないようにし，また季節や行事などとも関連をもたせ，幼児の経験や活動が発展的に展開されていくよう，指導の目標を園生活に位置づけることが大切である．

f　指導の内容（活動の展開）の構成

　指導の内容（活動の展開）を構成するということは，いいかえれば幼児たちにどのような経験や活動を営ませるかということを考えることである．

　次に指導の内容（活動の展開）を構成するにあたって，特に留意すべき点をいくつか列挙してみよう．

(1)　指導の目標（ねらい）が充分達成できるものであること

(2)　幼児の心身の発達に即したものであること

(3)　幼児が興味や関心をもって営むことができるものであること

(4)　いろいろな経験や活動ができるよう配慮すること

(5)　季節や行事などとの関連を考慮すること

(6)　指導の内容に，かたよりがないよう留意すること

(7)　家庭の実態や要求，地域の実情などを考慮すること

(8)　幼稚園（ないしは保育所）の施設・設備や環境条件などについて配慮すること

(9)　一つの経験から次の経験へと，経験や活動の発展性を考慮すること

(10)　計画は固定化するのでなく，たえず修正・改善していくようにすること

(3) 望ましい指導のあり方

1. 指導者の果す役割

a 子どもが表現の主体性をもつ

　表現というものは，心の中にあるものを外に表すわけであるから，いうまでもなく表現の主体性は子どもにある．子どもが思っていること，子どもが考えていることが，絵によって表されたり，粘土によって表現されたり，その他いろいろな材料，さまざまな方法によって表現されるのである．

　したがって指導者（保育者）は，表現活動をする子どものよき相談相手・よき協力者としての存在であるべきで，決して望ましい表現スタイルを押しつけないように気をつけたい．表現の内容的なもの，技術的なものなどもまずは子どものもつものを尊重したい．

おねえさん　　　（3歳女児　クレヨン）
画面右側は，ネックレス・ブローチ・ハンドバッグ

でんしゃのばいきん（5歳男児　水性フェルトペン）
ばいきんがいっぱい乗客をとりまいている

b　環境（条件設定）を充分に整える

　上記のようなことから，保育者としての役割は，子どもたちが絵を描いたりものを作ったりする造形活動を，できるだけやりやすいようにといろいろ配慮することである．

　例えば，場所の問題であるが，机の上が狭ければ2つ・4つ……と机を寄せて机上の面積を広くするとか，大きな板を置くとか，床の上で作業するとか，室内とは限らず廊下や園庭に出るといったように工夫することである．あるいは紙なども，いつも決った一定の大きさの紙を準備するだけでなく，大きい紙や小さい紙，細長い紙とか丸い紙，あるいは色のついた紙など，さまざまなものを準備しておくようにしたい．そして子どもが意図する表現したいと思っていることがらを，充分に表現することが可能なように，周囲からの配慮・援助といったことを心がけたい．

　また平素から，美しいものを見て「ああ，美しいなあ」といった感受性とか「おもしろいなあ」と気がつくようなことなど，内面的なものを育てる指導も大切である．子どもは，元来表現欲求が盛んであり，表現活動もきわめて活発・旺盛なものである．

タイルの画面に，描きたいものを自由に
　ポスター・カラーと筆が，いつも準備されている（プールの囲い塀）

2. 指導のポイント（留意点）

a　子どもの成長発達の段階に即応すること．

　指導者というものは，ややもすれば指導意識というのか，指導の熱心さといったものから，子どもの表現に対して，とやかくいいたくなるものである．豊かに表現するとか，じょうずに表すということはよいことではあるが，決してあせることなく，指導がいきすぎにならないよう留意したい．本書第4章「子どもの造形表現能力の発達」にもあるように，子どもは少しずつ成長発達していくので，そうした子どもの発達に即応することが大切である．

b　表現への興味・関心・意欲をもたせること．

　元来子どもは，絵を描いたりものを作ったりする造形活動（造形表現）に対して，積極的であり喜こびをもって行う．こうしたことを尊重する，大切にするということが，指導上非常に重要で，したがって子どもの作品などに対してはできるだけほめてやるようにし，表現への喜びとか，表現への自信をもたさせるようにしたい．少しでもよいところがあればほめてやったり，表現活動の途中ではげましの言葉をかけてやったりして，表現への興味・関心・意欲を持たせるようにすることが大切である．

c　技術的なものにこだわらず，自然発生的な描き方（作り方）を認めるようにすること．

　ここでいう技術的なものというのは，じょうずに絵を描くとか，器用にうまくものを作るといったことをさすのである．

　自然発生的な描き方（あるいは作り方）というのは，子どもがひとりでに身につけた描き方とか作り方をさす．つまり絵を描いたり，ものを作ったりする時に，このような時にはこうするとじょうずにうまく絵が描ける（あるいは作れる）といったように，要領とか技術的なものの指導を急ぐべきではない．

　すなわち自然発生的な描き方（作り方）を認めるということは，子どもが少々へたな描き方（作り方）をしたり，要領の悪い描き方（作り方）をしていても黙ってそれを認めるようにして，子どもの表現意欲をそこなわないように心が

け，十分に表現力を伸ばすよう配慮するということである．

d　材料・用具の扱いになれさせ，特に安全性に気をつけること．

　造形的な表現活動というものは，先にも述べたように，いろいろな材料や用具を用いて，いわゆる「もの」として，視覚的に表現するということである．いろいろな種類の材料とか用具ということに関しては，次章でくわしく述べることとするが，何よりも大切なことは，そうした材料や用具にはどんなものがあるか，どのようにして扱うのかといった適切な使い方を，経験を通して身につけるということである．

　特に安全性ということについて，気をつけたい．子どもの皮膚がやわらかいというだけでなく，思わないところ（予想もしないところ）で，けがをしたり，いためたりすることが多いものである．材料・用具の適切な扱い方，特に安全性については保育者の側で充分に留意したい．

(4)　指導の過程（指導の段階）

　指導の過程といわないで，指導の段階とか，展開の順序とか，指導の流れなどともいわれるが，みなだいたい同じ意味である．

　絵を描いたり，ものを作ったりする指導では，子ども一人ひとりがそれぞれ頭の中に考えていることは，異なるわけであり，また技術的なもの（方法的なもの）もそれぞれ異なるわけである．そうした個性的なものを充分認め尊重するもいう指導がきわめて大切であるから，指導の過程とか指導の段階といったものは一律にはいえない．むしろ公式的なものを考えたり，一律的な指導を考えると間違いである．個性的なものを見つめ，それを大切にして伸ばそうと図るのが，造形表現の指導の特色（特質）でもある．

　ここでは上記のことをよくわきまえた上で，造形表現の指導における一般的な指導の過程（指導の段階）として，事前の準備・動機づけ・展開・まとめ（反省）と，4段階に分けて考えてみることにしたい．

a　事前の準備

造形表現活動では，必ず材料や用具が必要である．つまり絵を描いたり，飾ったり，ものを作ったりする活動にあっては，材料・用具がないと表現が不可能である．

そこで指導に際しては，適切な材料・用具の準備が大切である．単に物品を準備しておくということではない．たとえば粘土を用意（準備）しておいても，実際に子どもたちに作らせようとした時に，粘土の水分が乾燥していて堅くなっていては子どもがうまく作れないとか，あるいは製作活動をやらせたら用意した紙が厚くて，子どもがはさみで切ることができないなどといった用意の仕方では困るのである．周到・適切な材料や用具の準備が必要である．

b 動機づけ

動機づけ（Motivation）の段階のことを，導入の段階とか，目的設定の段階ともいわれるが，だいたい同じことである．

この段階では，子どもたちに対して，これから展開される経験や活動に対して，興味や関心・意欲などをもたせる．

何事もそうであるが，特に絵を描いたり，ものを作ったりする表現活動にあっては，興味や関心をもたせ，子どもに主体的・自主的に取り組ませることが大切である．

動機づけの方法としては，いろいろな方法や手段が挙げられる．

（ⅰ） **話合いによる方法** これから展開されようとする活動について，その内容とか方法などについていろいろと話合う．話合いをしてい

製作に一生懸命の子ども

動機づけの段階で，しっかりと目的をつかませ，興味をもってやらせることが大切．

るうちに，だんだんと子どもたち一人ひとりに対して興味や関心をもたせ，想を豊かにさせるようにし，自信をもって主体的に活動ができるようにすることが大切である．

（ⅱ）　**参考作品を見せる**　　これからの活動に対して，関連のある参考作品を子どもたちに見せることも，有効な手段である．

ただし見せたことによって，それに束縛されたり，模倣したりすることも多いので，こうしたことのないように留意して取扱うようにしたい．

（ⅲ）　**視聴覚的な器材を利用する方法**　　テレビ・スライド・8ミリ・テープコーダー・紙芝居・写真・掛図等を利用して，動機づけを行う．

最近ではそれぞれの幼稚園や保育所などの施設・設備がだんだんと充実しつつある現状にあるが，視聴覚的な器材というものは，子どもたちに非常に喜ばれるものであり，また手段として有効なものであるから，できるだけ効果的な利用法を期待したい．

（ⅳ）　**環境とか雰囲気を整えること**　　活動が円滑に展開できるような環境とか，ないしは活動の意欲を助長するような雰囲気を設定することも大切である．

雰囲気とか環境が整備されていなかったり，悪い条件にあったりすると，せっかくの子どもの表現意欲を妨げるようなことにもなりかねない．

c　展　　　開

この段階は，実行の段階とか，表現の段階とか制作の段階ともいわれる．この段階では，子どもたちが実際に画用紙に向って絵を描くとか，何かの材料で製作するという段階で，いわば表現活動の主要部分ともいえる．

指導者は先にも示した指導のポイントにしたがって，子どもたちに自主的・意欲的に，最大限に子どものもつ諸能力を発揮せしむるようにしたい．

d　ま　と　め

この段階は，いわばしめくくりの段階，仕上げの段階とでもいえる．

絵を描いたら，できあがってもうそれで終りというのではなく，どういうところがうまくいったかとか，どこがうまくいかなかったかとか，この次に絵を

描く時にはこのようにしようとかなど，いろいろと反省したり鑑賞したりすることが大切である．それは飾ったり，作ったりする活動においても同様である．子どもたちの経験とか活動の，よりよき積み重ねとか発展を図るようにしたい．

また使用した材料や用具をきちんと整理整頓し，後始末をていねいにきちんとする，よき態度・習慣も養っていくようにしたいものである．

(5) 個人製作と共同製作

たなばたかざり（共同製作）
みんなで力を合わせ，大きな作品を作る

絵を描いたりものを作ったりする造形表現活動においては，そのほとんどが一人ひとり自分で絵を描いたり作ったりする，いわば個人製作である．これは個人個人が頭の中で考えたり思ったりしていることを，絵で表現したり，作って表現したりするわけであるから当然の表現形態といえる．

しかしこうした個人製作に対して，みんなで力を合わせて，大きな作品を作るという共同製作という表現形態がある．

たとえば，みんなで力を合わせて大きな壁画を描くとか，たなばた飾りを作るとか，運動会とかお祭りなど大きな絵を描くとか，クリスマス飾りをみんなでするといったものである．

共同製作では，個人製作では実現することのできない大きな作品を作ることができるし，また子どもたちの集団意識を育てることにも有効である．共通の意識のもとに，みんながそれぞれ参加できるように，画面の大きさとか分担などを配慮することが肝要である．

第7章　材料・用具の種類と扱い方

(1)　造形表現と材料・用具について

　造形表現に用いられる材料や用具の種類には，非常にたくさんのものが挙げられる．造形表現というのは，具体的な「もの」として表現されるわけであるから，そこにはさまざまな材料・用具が存在するということは，当然のことでもある．

　このようにいろいろと種類の多い材料・用具の中から，その表現に適した材料や用具を選ぶのに大切なことは，まず第1に幼児の発達段階に即応したものであるということと，表現の意図（表現の目的）に合った効果的な適正なものであることが必要である．したがって指導者としては，幼児の意図とか希望・意思といったものを尊重しながらも，教育的な配慮という観点も考えて，材料や用具を考えていかなければならない．とくに幼児の造形表現活動にあっては，人工的な材料とともに，土や砂，小石，草や葉・花・実などといろいろな自然物の素材もうまく活用したい．

　材料にしても用具の扱いにしても，あまり厳密なものを求めるわけではないが，しかしそれぞれの材料・用具にはそのもののもつ特性とか構造・扱い方といったものがある．したがって使用する場合に，こうした特性とか扱い方に十分に配慮して行う必要がある．（できるだけ子どもの要求とか希望は尊重するようにしたいが．）

　とくに安全性ということによく注意し，けがなど起こさないようにくれぐれも留意したい．また材料・用具の準備とか後始末などについても，幼児のできる範囲内ではきちんとさせるようにし，基本的な態度・習慣といったものも身につけさせるようにしたいものである．

(2) 絵の具類

　ここでいう絵の具類というのは，いわゆる水彩絵の具だけをさしているのではなく，もちろんそれも入るがその他クレヨン・パス類，鉛筆類，インキや墨汁類，ポスターカラー，チョーク類などさまざまなものをさしている．絵の具類は絵を描く時にもっとも多く用いられるが，この他飾りを作る時とか，製作物の表面に色をぬったりすることに用いられる材料である．
　次にもう少しくわしく述べてみよう．

a　クレヨン・パス類

　クレヨンは，顔料を主としてろうで固めたもので，幼児にとっては扱いやすい材料である．なるべく発色のよいもの，太めのものを使わせるようにしたい．
　子どもは必要以上に力を入れて描くが，力をあまり強く入れず，かるくクレヨンの下の方を持って扱うようにしたい．
　パス類は，顔料を主として油脂などで練り固めたもので，したがってクレヨンに比べると柔らかく，折れやすいということになり，また手や衣類など汚しやすいが，しかし重色とか混色がうまくできるという特色をもつ．

水彩絵の具で色をぬる子どもたち
——とかした色を瓶に入れ，その色専用の筆を入れてある．

b　水彩絵の具

　水彩絵の具は，いろいろな色を自由に作ることができ，また広い面をぬったりする時にも便利がよい．幼児の段階では，チューブから色をしぼってパレットの上で水で溶かして色を作るということはとうてい無理であるから，指導者

(2) 絵の具類

側で必要とする色を作ってやり，皿とか瓶などの容器に入れて使わせるようにしたい。筆には，丸筆と平筆の2種類あり，丸筆は線で描いたり小さなところ（細かいところ）を描くのに適し，平筆は広い面積のところをぬるとか，大きく描く時などに都合がよい。

水彩絵の具だけで線やもようを描くというやり方の他に，クレヨンと水彩絵の具を合わせて用いるとか，ゆび絵とか合わせ絵など，いろいろと楽しい造形遊び・絵の表わし方がある（第5章参照）

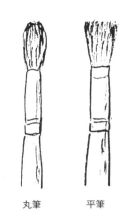

丸筆　　平筆

あくまでも幼児の発達段階に即して扱いとか程度を考えるべきで，決して無理のない扱い方をするようにしたい。

c　鉛筆・インキ・墨汁など

鉛筆（黒鉛筆）は，なるべく濃いめのもの（2B〜6B）がよい。インキ類も，最近は筆状になったフェルトペンとかいろいろな形状のものがあり，また油性（揮発性）のものと水性のものとがある。幼児ではどちらかといえば水性の方が扱いやすい。

墨汁を使って絵を描く場合，ふつうの筆で描く以外に，割りばしで描くとか，竹・わら・厚紙などで作った筆を用いるのもおもしろい。

(3) 紙　　類

絵を描いたり，ものを作ったりするのに最も多く用いられるのは，画用紙である。画用紙にも，普通のもの以外に，やや薄手（薄口）のものと厚手（厚口）のものとがある。また大きさにもいろいろあるが，使いみちによってそれぞれ適切なものを選ぶようにしたいものである。またふつうは白の画用紙であるが，絵を描く時，飾りものをする時，何かものを作る時など，赤・黄・青・緑・灰・茶・黒などの色画用紙も効果的に利用したいものである。

120 第7章 材料・用具の種類と扱い方

造形材料として，上記の画用紙類の他に，薄紙として，色紙（おりがみ），つや紙，セロハン紙，半紙（書道半紙），テープなどが挙げられる．色が簡単にはげて手や洋服にくっついたり，紙が粗悪ですぐに破れたりすることのないようなるべく上質のものを用いさせたい．

ものを作ったりする場合に，画用紙では少し薄すぎるときは，画用紙と厚紙の中間の，中厚紙を用いるとよい．年長組などははさみで中厚紙を切ることができるが，年少組では無理なこともある．厚紙をはさみで切るということはちょっと抵抗あり，どうしても厚紙を必要とする時などは，指導者側で切ったものを与えて作らせることも考えたい．また空箱の利用なども，工夫して取扱うようにしたい．

紙を切るためには当然はさみを用いるが，このはさみにも大小その他形状等にいろいろな種類がある．子どもの手の大きさに合うものであること，とくに刃先がとがったりしていない安全性のあるもの，よく切れるものを選ぶようにしたい．

(4)　粘　土　類

粘土といえば，いうまでもなく土粘土である．土粘土といういい方は必ずしも適切な呼び方とは思わないのであるが，最近いろいろな種類（素材）の粘土がでてきたために，土粘土といういい方が用いられるようになった．

粘土（土粘土）は，粘土層の細かい土を水で粘ったものであるから，水分が蒸発すると固くなり，反対に水分を多くするとやわらかくなる．粘土は非常に可塑性に富み，幼児の力でも，自由に丸めたり伸ばしたり，平らにしたりできるので，幼児期における表現力を満足させるには，好材料といえる．

子ども一人ひとりに与える粘土の量は，年令とか作るものによって当然異なるが，意図することが十分に満足できるように，たっぷりと多めに与えたいと思う．

幼稚園（保育所）で粘土を保管する簡単な方法としては，ビニールの風呂敷

(4) 粘土類

とか袋で包んで，水分を蒸発しないようにすればよい．たくさんの量を保管するには，大きなポリバケツに，人間の頭ぐらいの大きさに粘土を丸めて入れ，蓋をしておくとよい．乾燥しないように時々水分を与えたい．またバケツの底には「ざる」をひっくりかえして入れておき，少し水分をたまらせておくのもよい工夫である．

紙粘土は，その原材料が紙パルプをドロドロにして少量の接着剤を混ぜて製造されたもので，したがって土粘土とはまた異った用法が考えられる．作ったものを乾燥させて，上から水彩絵の具などで着色するとか，さらにその上からニスを塗ったりすることができる．楽しい人形を作ったり，空瓶とか空鑵の上から紙粘土で巻いて，ニスをぬって花瓶を作ったりするのに適している．

油粘土は，水の代わりに油で粘ったもので，したがっていつまでも固くならないとか，手や洋服などにべとつかないという特色をもつ．

また最近はビニール粘土とか小麦粉粘土，着色された粘土もあるが，教育的見地からは特にすぐれたものとはいえない．

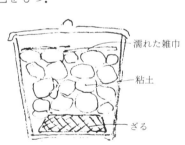

なお粘土を用いて幼児たちに活動させる時は作業衣を着るとか，服の腕をまくるとか，作業場も広くしてやるなど，活動しやすいような配慮が必要である．

(5) 木材・その他

木材類といえば，まず挙げられるのがいわゆる積み木である．どこの幼稚園(保育所)でもあるが，なるべく大きなもので，素朴な形をしたものを，数多く備えるようにしたい．市販されているセットになったものを購入するのもよいが，建築現場や大工さんなどから，使用した残りの木片を集めたりするのもよい．その他かまぼこの板とか割り箸なども，子どもにはよく利用される．

また最近は少なくなってきたが，竹とかきびがらなどもあげられる．その他

木の枝や花・葉・実・草なども，いろいろと利用法が考えられる。幼稚園・保育所の置かれている地域・場所，また季節とも関係するが，自然物を利用した造形的な遊びとか製作活動は，幼児にとっては思い出に残る楽しいものである。

その他家庭にある身近なものを集めて，そこからイメージを発展させていろいろなものを作るのもおもしろい。大小いろいろな紙の箱，発泡スチロール，空瓶や空鑵，糸・布，新聞紙・包装紙・広告，紙コップ，ストローなど，いろいろなものがあげられる。

お友だち

写真のフィルムの空鑵を利用して

だいたいものを作ったり表現活動をしたりする場合に，大きく分けて二通り考えられる。その一つは，表現目的（作りたいと思うもの・構想）がまずあって，そしてそれにふさわしい表現材料をそろえる（準備する）という場合と，もう一つは先に何かの材料（素材）があって，それを手にしてああだこうだと考えているうちに，電車になったり，飛行機になったり，お家になったり，動物になったりと，イメージが湧いてきて製作活動へと発展していく場合である。幼児期の場合には，意外と後者のケースが多いものである。したがって子どものまわりには，できるだけいろいろな種類の材料とか素材を数多く整えてやって，造形的な表現活動を促すような環境づくりが望ましいといえよう。

付　　録　　123

幼稚園教育要領（平成 29 年 3 月 31 日告示）

　教育は，教育基本法第 1 条に定めるとおり，人格の完成を目指し，平和で民主的な国家及び社会の形成者として必要な資質を備えた心身ともに健康な国民の育成を期すという目的のもと，同法第 2 条に掲げる次の目標を達成するよう行われなければならない。

1　幅広い知識と教養を身に付け，真理を求める態度を養い，豊かな情操と道徳心を培うとともに，健やかな身体を養うこと。
2　個人の価値を尊重して，その能力を伸ばし，創造性を培い，自主及び自律の精神を養うとともに，職業及び生活との関連を重視し，勤労を重んずる態度を養うこと。
3　正義と責任，男女の平等，自他の敬愛と協力を重んずるとともに，公共の精神に基づき，主体的に社会の形成に参画し，その発展に寄与する態度を養うこと。
4　生命を尊び，自然を大切にし，環境の保全に寄与する態度を養うこと。
5　伝統と文化を尊重し，それらをはぐくんできた我が国と郷土を愛するとともに，他国を尊重し，国際社会の平和と発展に寄与する態度を養うこと。

　また，幼児期の教育については，同法第 11 条に掲げるとおり，生涯にわたる人格形成の基礎を培う重要なものであることにかんがみ，国及び地方公共団体は，幼児の健やかな成長に資する良好な環境の整備その他適当な方法によって，その振興に努めなければならないこととされている。

　これからの幼稚園には，学校教育の始まりとして，こうした教育の目的及び目標の達成を目指しつつ，一人一人の幼児が，将来，自分のよさや可能性を認識するとともに，あらゆる他者を価値のある存在として尊重し，多様な人々と協働しながら様々な社会的変化を乗り越え，豊かな人生を切り拓き，持続可能な社会の創り手となることができるようにするための基礎を培うことが求められる。このために必要な教育の在り方を具体化するのが，各幼稚園において教育の内容等を組織的かつ計画的に組み立てた教育課程である。

　教育課程を通して，これからの時代に求められる教育を実現していくためには，よりよい学校教育を通してよりよい社会を創るという理念を学校と社会とが共有し，それぞれの幼稚園において，幼児期にふさわしい生活をどのように展開し，どのような資質・能力を育むようにするのかを教育課程において明確にしながら，社会との連携及び協働によりその実現を図っていくという，社会に開かれた教育課程の実現が重要となる。

　幼稚園教育要領とは，こうした理念の実現に向けて必要となる教育課程の基準を大綱的に定めるものである。幼稚園教育要領が果たす役割の一つは，公の性質を有する幼稚園における教育水準を全国的に確保することである。また，各幼稚園がその特色を生かして創意工夫を重ね，長年にわたり積み重ねられてきた教育実践や学術研究の蓄積を生かしながら，幼児や地域の現状や課題を捉え，家庭や地域社会と協力して，幼稚園教育要領を踏まえた教育活動の更なる充実を図っていくことも重要である。

　幼児の自発的な活動としての遊びを生み出すために必要な環境を整え，一人一人の資質・能力を育んでいくことは，教職員をはじめとする幼稚園関係者はもとより，家庭や地域の人々も

124 幼稚園教育要領

含め，様々な立場から幼児や幼稚園に関わる全ての大人に期待される役割である。家庭との緊密な連携の下，小学校以降の教育や生涯にわたる学習とのつながりを見通しながら，幼児の自発的な活動としての遊びを通しての総合的な指導をする際に広く活用されるものとなることを期待して，ここに幼稚園教育要領を定める。

第1章　総　則

第1　幼稚園教育の基本

　幼児期の教育は，生涯にわたる人格形成の基礎を培う重要なものであり，幼稚園教育は，学校教育法に規定する目的及び目標を達成するため，幼児期の特性を踏まえ，環境を通して行うものであることを基本とする。

　このため教師は，幼児との信頼関係を十分に築き，幼児が身近な環境に主体的に関わり，環境との関わり方や意味に気付き，これらを取り込もうとして，試行錯誤したり，考えたりするようになる幼児期の教育における見方・考え方を生かし，幼児と共によりよい教育環境を創造するように努めるものとする。これらを踏まえ，次に示す事項を重視して教育を行わなければならない。

1　幼児は安定した情緒の下で自己を十分に発揮することにより発達に必要な体験を得ていくものであることを考慮して，幼児の主体的な活動を促し，幼児期にふさわしい生活が展開されるようにすること。

2　幼児の自発的な活動としての遊びは，心身の調和のとれた発達の基礎を培う重要な学習であることを考慮して，遊びを通しての指導を中心として第2章に示すねらいが総合的に達成されるようにすること。

3　幼児の発達は，心身の諸側面が相互に関連し合い，多様な経過をたどって成し遂げられていくものであること，また，幼児の生活経験がそれぞれ異なることなどを考慮して，幼児一人一人の特性に応じ，発達の課題に即した指導を行うようにすること。

　その際，教師は，幼児の主体的な活動が確保されるよう幼児一人一人の行動の理解と予想に基づき，計画的に環境を構成しなければならない。この場合において，教師は，幼児と人やものとの関わりが重要であることを踏まえ，教材を工夫し，物的・空間的環境を構成しなければならない。また，幼児一人一人の活動の場面に応じて，様々な役割を果たし，その活動を豊かにしなければならない。

第2　幼稚園教育において育みたい資質・能力及び「幼児期の終わりまでに育ってほしい姿」

1　幼稚園においては，生きる力の基礎を育むため，この章の第1に示す幼稚園教育の基本を踏まえ，次に掲げる資質・能力を一体的に育むよう努めるものとする。

　(1)　豊かな体験を通じて，感じたり，気付いたり，分かったり，できるようになったりする「知識及び技能の基礎」

付　　録　　125

(2) 気付いたことや，できるようになったことなどを使い，考えたり，試したり，工夫したり，表現したりする「思考力，判断力，表現力等の基礎」

(3) 心情，意欲，態度が育つ中で，よりよい生活を営もうとする「学びに向かう力，人間性等」

2　1に示す資質・能力は，第2章に示すねらい及び内容に基づく活動全体によって育むものである。

3　次に示す「幼児期の終わりまでに育ってほしい姿」は，第2章に示すねらい及び内容に基づく活動全体を通して資質・能力が育まれている幼児の幼稚園修了時の具体的な姿であり，教師が指導を行う際に考慮するものである。

(1) 健康な心と体

　　幼稚園生活の中で，充実感をもって自分のやりたいことに向かって心と体を十分に働かせ，見通しをもって行動し，自ら健康で安全な生活をつくり出すようになる。

(2) 自立心

　　身近な環境に主体的に関わり様々な活動を楽しむ中で，しなければならないことを自覚し，自分の力で行うために考えたり，工夫したりしながら，諦めずにやり遂げることで達成感を味わい，自信をもって行動するようになる。

(3) 協同性

　　友達と関わる中で，互いの思いや考えなどを共有し，共通の目的の実現に向けて，考えたり，工夫したり，協力したりし，充実感をもってやり遂げるようになる。

(4) 道徳性・規範意識の芽生え

　　友達と様々な体験を重ねる中で，してよいことや悪いことが分かり，自分の行動を振り返ったり，友達の気持ちに共感したりし，相手の立場に立って行動するようになる。また，きまりを守る必要性が分かり，自分の気持ちを調整し，友達と折り合いを付けながら，きまりをつくったり，守ったりするようになる。

(5) 社会生活との関わり

　　家族を大切にしようとする気持ちをもつとともに，地域の身近な人と触れ合う中で，人との様々な関わり方に気付き，相手の気持ちを考えて関わり，自分が役に立つ喜びを感じ，地域に親しみをもつようになる。また，幼稚園内外の様々な環境に関わる中で，遊びや生活に必要な情報を取り入れ，情報に基づき判断したり，情報を伝え合ったり，活用したりするなど，情報を役立てながら活動するようになるとともに，公共の施設を大切に利用するなどして，社会とのつながりなどを意識するようになる。

(6) 思考力の芽生え

　　身近な事象に積極的に関わる中で，物の性質や仕組みなどを感じ取ったり，気付いたりし，考えたり，予想したり，工夫したりするなど，多様な関わりを楽しむようになる。また，友達の様々な考えに触れる中で，自分と異なる考えがあることに気付き，自ら判断したり，考え直したりするなど，新しい考えを生み出す喜びを味わいながら，自分の考えをよりよいものにするようになる。

(7) 自然との関わり・生命尊重

126　幼稚園教育要領

自然に触れて感動する体験を通して，自然の変化などを感じ取り，好奇心や探究心をもって考え言葉などで表現しながら，身近な事象への関心が高まるとともに，自然への愛情や畏敬の念をもつようになる。また，身近な動植物に心を動かされる中で，生命の不思議さや尊さに気付き，身近な動植物への接し方を考え，命あるものとしていたわり，大切にする気持ちをもって関わるようになる。

(8)　数量や図形，標識や文字などへの関心・感覚

遊びや生活の中で，数量や図形，標識や文字などに親しむ体験を重ねたり，標識や文字の役割に気付いたりし，自らの必要感に基づきこれらを活用し，興味や関心，感覚をもつようになる。

(9)　言葉による伝え合い

先生や友達と心を通わせる中で，絵本や物語などに親しみながら，豊かな言葉や表現を身に付け，経験したことや考えたことなどを言葉で伝えたり，相手の話を注意して聞いたりし，言葉による伝え合いを楽しむようになる。

(10)　豊かな感性と表現

心を動かす出来事などに触れ感性を働かせる中で，様々な素材の特徴や表現の仕方などに気付き，感じたことや考えたことを自分で表現したり，友達同士で表現する過程を楽しんだりし，表現する喜びを味わい，意欲をもつようになる。

第3　教育課程の役割と編成等

1　教育課程の役割

各幼稚園においては，教育基本法及び学校教育法その他の法令並びにこの幼稚園教育要領の示すところに従い，創意工夫を生かし，幼児の心身の発達と幼稚園及び地域の実態に即応した適切な教育課程を編成するものとする。

また，各幼稚園においては，6に示す全体的な計画にも留意しながら，「幼児期の終わりまでに育ってほしい姿」を踏まえ教育課程を編成すること，教育課程の実施状況を評価してその改善を図っていくこと，教育課程の実施に必要な人的又は物的な体制を確保するとともにその改善を図っていくことなどを通して，教育課程に基づき組織的かつ計画的に各幼稚園の教育活動の質の向上を図っていくこと（以下「カリキュラム・マネジメント」という。）に努めるものとする。

2　各幼稚園の教育目標と教育課程の編成

教育課程の編成に当たっては，幼稚園教育において育みたい資質・能力を踏まえつつ，各幼稚園の教育目標を明確にするとともに，教育課程の編成についての基本的な方針が家庭や地域とも共有されるよう努めるものとする。

3　教育課程の編成上の基本的事項

(1)　幼稚園生活の全体を通して第2章に示すねらいが総合的に達成されるよう，教育課程に係る教育期間や幼児の生活経験や発達の過程などを考慮して具体的なねらいと内容を組織するものとする。この場合においては，特に，自我が芽生え，他者の存在を意識し，自己を抑制しようとする気持ちが生まれる幼児期の発達の特性を踏まえ，入園から修了に至る

付　録　127

までの長期的な視野をもって充実した生活が展開できるように配慮するものとする。
　(2)　幼稚園の毎学年の教育課程に係る教育週数は，特別の事情のある場合を除き，39週を下ってはならない。
　(3)　幼稚園の1日の教育課程に係る教育時間は，4時間を標準とする。ただし，幼児の心身の発達の程度や季節などに適切に配慮するものとする。
4　教育課程の編成上の留意事項
　　教育課程の編成に当たっては，次の事項に留意するものとする。
　(1)　幼児の生活は，入園当初の一人一人の遊びや教師との触れ合いを通して幼稚園生活に親しみ，安定していく時期から，他の幼児との関わりの中で幼児の主体的な活動が深まり，幼児が互いに必要な存在であることを認識するようになり，やがて幼児同士や学級全体で目的をもって協同して幼稚園生活を展開し，深めていく時期などに至るまでの過程を様々に経ながら広げられていくものであることを考慮し，活動がそれぞれの時期にふさわしく展開されるようにすること。
　(2)　入園当初，特に，3歳児の入園については，家庭との連携を緊密にし，生活のリズムや安全面に十分配慮すること。また，満3歳児については，学年の途中から入園することを考慮し，幼児が安心して幼稚園生活を過ごすことができるよう配慮すること。
　(3)　幼稚園生活が幼児にとって安全なものとなるよう，教職員による協力体制の下，幼児の主体的な活動を大切にしつつ，園庭や園舎などの環境の配慮や指導の工夫を行うこと。
5　小学校教育との接続に当たっての留意事項
　(1)　幼稚園においては，幼稚園教育が，小学校以降の生活や学習の基盤の育成につながることに配慮し，幼児期にふさわしい生活を通して，創造的な思考や主体的な生活態度などの基礎を培うようにするものとする。
　(2)　幼稚園教育において育まれた資質・能力を踏まえ，小学校教育が円滑に行われるよう，小学校の教師との意見交換や合同の研究の機会などを設け，「幼児期の終わりまでに育ってほしい姿」を共有するなど連携を図り，幼稚園教育と小学校教育との円滑な接続を図るよう努めるものとする。
6　全体的な計画の作成
　　各幼稚園においては，教育課程を中心に，第3章に示す教育課程に係る教育時間の終了後等に行う教育活動の計画，学校保健計画，学校安全計画などと関連させ，一体的に教育活動が展開されるよう全体的な計画を作成するものとする。

第4　指導計画の作成と幼児理解に基づいた評価
1　指導計画の考え方
　　幼稚園教育は，幼児が自ら意欲をもって環境と関わることによりつくり出される具体的な活動を通して，その目標の達成を図るものである。
　　幼稚園においてはこのことを踏まえ，幼児期にふさわしい生活が展開され，適切な指導が行われるよう，それぞれの幼稚園の教育課程に基づき，調和のとれた組織的，発展的な指導計画を作成し，幼児の活動に沿った柔軟な指導を行わなければならない。

128　　幼稚園教育要領

2　指導計画の作成上の基本的事項
　(1)　指導計画は，幼児の発達に即して一人一人の幼児が幼児期にふさわしい生活を展開し，必要な体験を得られるようにするために，具体的に作成するものとする。
　(2)　指導計画の作成に当たっては，次に示すところにより，具体的なねらい及び内容を明確に設定し，適切な環境を構成することなどにより活動が選択・展開されるようにするものとする。
　　　ア　具体的なねらい及び内容は，幼稚園生活における幼児の発達の過程を見通し，幼児の生活の連続性，季節の変化などを考慮して，幼児の興味や関心，発達の実情などに応じて設定すること。
　　　イ　環境は，具体的なねらいを達成するために適切なものとなるように構成し，幼児が自らその環境に関わることにより様々な活動を展開しつつ必要な体験を得られるようにすること。その際，幼児の生活する姿や発想を大切にし，常にその環境が適切なものとなるようにすること。
　　　ウ　幼児の行う具体的な活動は，生活の流れの中で様々に変化するものであることに留意し，幼児が望ましい方向に向かって自ら活動を展開していくことができるよう必要な援助をすること。

　　　その際，幼児の実態及び幼児を取り巻く状況の変化などに即して指導の過程についての評価を適切に行い，常に指導計画の改善を図るものとする。
3　指導計画の作成上の留意事項
　　　指導計画の作成に当たっては，次の事項に留意するものとする。
　(1)　長期的に発達を見通した年，学期，月などにわたる長期の指導計画やこれとの関連を保ちながらより具体的な幼児の生活に即した週，日などの短期の指導計画を作成し，適切な指導が行われるようにすること。特に，週，日などの短期の指導計画については，幼児の生活のリズムに配慮し，幼児の意識や興味の連続性のある活動が相互に関連して幼稚園生活の自然な流れの中に組み込まれるようにすること。
　(2)　幼児が様々な人やものとの関わりを通して，多様な体験をし，心身の調和のとれた発達を促すようにしていくこと。その際，幼児の発達に即して主体的・対話的で深い学びが実現するようにするとともに，心を動かされる体験が次の活動を生み出すことを考慮し，一つ一つの体験が相互に結び付き，幼稚園生活が充実するようにすること。
　(3)　言語に関する能力の発達と思考力等の発達が関連していることを踏まえ，幼稚園生活全体を通して，幼児の発達を踏まえた言語環境を整え，言語活動の充実を図ること。
　(4)　幼児が次の活動への期待や意欲をもつことができるよう，幼児の実態を踏まえながら，教師や他の幼児と共に遊びや生活の中で見通しをもったり，振り返ったりするよう工夫すること。
　(5)　行事の指導に当たっては，幼稚園生活の自然の流れの中で生活に変化や潤いを与え，幼児が主体的に楽しく活動できるようにすること。なお，それぞれの行事についてはその教育的価値を十分検討し，適切なものを精選し，幼児の負担にならないようにすること。

付　　録　　129

(6)　幼児期は直接的な体験が重要であることを踏まえ，視聴覚教材やコンピュータなど情報機器を活用する際には，幼稚園生活では得難い体験を補完するなど，幼児の体験との関連を考慮すること。

(7)　幼児の主体的な活動を促すためには，教師が多様な関わりをもつことが重要であることを踏まえ，教師は，理解者，共同作業者など様々な役割を果たし，幼児の発達に必要な豊かな体験が得られるよう，活動の場面に応じて，適切な指導を行うようにすること。

(8)　幼児の行う活動は，個人，グループ，学級全体などで多様に展開されるものであることを踏まえ，幼稚園全体の教師による協力体制を作りながら，一人一人の幼児が興味や欲求を十分に満足させるよう適切な援助を行うようにすること。

4　幼児理解に基づいた評価の実施

幼児一人一人の発達の理解に基づいた評価の実施に当たっては，次の事項に配慮するものとする。

(1)　指導の過程を振り返りながら幼児の理解を進め，幼児一人一人のよさや可能性などを把握し，指導の改善に生かすようにすること。その際，他の幼児との比較や一定の基準に対する達成度についての評定によって捉えるものではないことに留意すること。

(2)　評価の妥当性や信頼性が高められるよう創意工夫を行い，組織的かつ計画的な取組を推進するとともに，次年度又は小学校等にその内容が適切に引き継がれるようにすること。

第5　特別な配慮を必要とする幼児への指導

1　障害のある幼児などへの指導

障害のある幼児などへの指導に当たっては，集団の中で生活することを通して全体的な発達を促していくことに配慮し，特別支援学校などの助言又は援助を活用しつつ，個々の幼児の障害の状態などに応じた指導内容や指導方法の工夫を組織的かつ計画的に行うものとする。また，家庭，地域及び医療や福祉，保健等の業務を行う関係機関との連携を図り，長期的な視点で幼児への教育的支援を行うために，個別の教育支援計画を作成し活用することに努めるとともに，個々の幼児の実態を的確に把握し，個別の指導計画を作成し活用することに努めるものとする。

2　海外から帰国した幼児や生活に必要な日本語の習得に困難のある幼児の幼稚園生活への適応

海外から帰国した幼児や生活に必要な日本語の習得に困難のある幼児については，安心して自己を発揮できるよう配慮するなど個々の幼児の実態に応じ，指導内容や指導方法の工夫を組織的かつ計画的に行うものとする。

第6　幼稚園運営上の留意事項

1　各幼稚園においては，園長の方針の下に，園務分掌に基づき教職員が適切に役割を分担しつつ，相互に連携しながら，教育課程や指導の改善を図るものとする。また，各幼稚園が行う学校評価については，教育課程の編成，実施，改善が教育活動や幼稚園運営の中核となることを踏まえ，カリキュラム・マネジメントと関連付けながら実施するよう留意するものと

130　　幼稚園教育要領

する。
2　幼児の生活は，家庭を基盤として地域社会を通じて次第に広がりをもつものであることに
　留意し，家庭との連携を十分に図るなど，幼稚園における生活が家庭や地域社会と連続性を
　保ちつつ展開されるようにするものとする。その際，地域の自然，高齢者や異年齢の子供な
　どを含む人材，行事や公共施設などの地域の資源を積極的に活用し，幼児が豊かな生活体験
　を得られるように工夫するものとする。また，家庭との連携に当たっては，保護者との情報
　交換の機会を設けたり，保護者と幼児との活動の機会を設けたりなどすることを通じて，保
　護者の幼児期の教育に関する理解が深まるよう配慮するものとする。
3　地域や幼稚園の実態等により，幼稚園間に加え，保育所，幼保連携型認定こども園，小学
　校，中学校，高等学校及び特別支援学校などとの間の連携や交流を図るものとする。特に，
　幼稚園教育と小学校教育の円滑な接続のため，幼稚園の幼児と小学校の児童との交流の機会
　を積極的に設けるようにするものとする。また，障害のある幼児児童生徒との交流及び共同
　学習の機会を設け，共に尊重し合いながら協働して生活していく態度を育むよう努めるもの
　とする。

第7　教育課程に係る教育時間終了後等に行う教育活動など

　幼稚園は，第3章に示す教育課程に係る教育時間の終了後等に行う教育活動について，学校
教育法に規定する目的及び目標並びにこの章の第1に示す幼稚園教育の基本を踏まえ実施する
ものとする。また，幼稚園の目的の達成に資するため，幼児の生活全体が豊かなものとなるよ
う家庭や地域における幼児期の教育の支援に努めるものとする。

第2章　ねらい及び内容

　この章に示すねらいは，幼稚園教育において育みたい資質・能力を幼児の生活する姿から捉
えたものであり，内容は，ねらいを達成するために指導する事項である。各領域は，これらを
幼児の発達の側面から，心身の健康に関する領域「健康」，人との関わりに関する領域「人間関
係」，身近な環境との関わりに関する領域「環境」，言葉の獲得に関する領域「言葉」及び感性
と表現に関する領域「表現」としてまとめ，示したものである。内容の取扱いは，幼児の発達
を踏まえた指導を行うに当たって留意すべき事項である。
　各領域に示すねらいは，幼稚園における生活の全体を通じ，幼児が様々な体験を積み重ねる
中で相互に関連をもちながら次第に達成に向かうものであること，内容は，幼児が環境に関わ
って展開する具体的な活動を通して総合的に指導されるものであることに留意しなければなら
ない。
　また，「幼児期の終わりまでに育ってほしい姿」が，ねらい及び内容に基づく活動全体を通し
て資質・能力が育まれている幼児の幼稚園修了時の具体的な姿であることを踏まえ，指導を行
う際に考慮するものとする。
　なお，特に必要な場合には，各領域に示すねらいの趣旨に基づいて適切な，具体的な内容を
工夫し，それを加えても差し支えないが，その場合には，それが第1章の第1に示す幼稚園教

付　　録　　131

育の基本を逸脱しないよう慎重に配慮する必要がある。

健　　　康
〔健康な心と体を育て，自ら健康で安全な生活をつくり出す力を養う。〕

1　ねらい
(1)　明るく伸び伸びと行動し，充実感を味わう。
(2)　自分の体を十分に動かし，進んで運動しようとする。
(3)　健康，安全な生活に必要な習慣や態度を身に付け，見通しをもって行動する。

2　内　容
(1)　先生や友達と触れ合い，安定感をもって行動する。
(2)　いろいろな遊びの中で十分に体を動かす。
(3)　進んで戸外で遊ぶ。
(4)　様々な活動に親しみ，楽しんで取り組む。
(5)　先生や友達と食べることを楽しみ，食べ物への興味や関心をもつ。
(6)　健康な生活のリズムを身に付ける。
(7)　身の回りを清潔にし，衣服の着脱，食事，排泄などの生活に必要な活動を自分でする。
(8)　幼稚園における生活の仕方を知り，自分たちで生活の場を整えながら見通しをもって行動する。
(9)　自分の健康に関心をもち，病気の予防などに必要な活動を進んで行う。
(10)　危険な場所，危険な遊び方，災害時などの行動の仕方が分かり，安全に気を付けて行動する。

3　内容の取扱い
上記の取扱いに当たっては，次の事項に留意する必要がある。
(1)　心と体の健康は，相互に密接な関連があるものであることを踏まえ，幼児が教師や他の幼児との温かい触れ合いの中で自己の存在感や充実感を味わうことなどを基盤として，しなやかな心と体の発達を促すこと。特に，十分に体を動かす気持ちよさを体験し，自ら体を動かそうとする意欲が育つようにすること。
(2)　様々な遊びの中で，幼児が興味や関心，能力に応じて全身を使って活動することにより，体を動かす楽しさを味わい，自分の体を大切にしようとする気持ちが育つようにすること。その際，多様な動きを経験する中で，体の動きを調整するようにすること。
(3)　自然の中で伸び伸びと体を動かして遊ぶことにより，体の諸機能の発達が促されることに留意し，幼児の興味や関心が戸外にも向くようにすること。その際，幼児の動線に配慮した園庭や遊具の配置などを工夫すること。
(4)　健康な心と体を育てるためには食育を通じた望ましい食習慣の形成が大切であることを踏まえ，幼児の食生活の実情に配慮し，和やかな雰囲気の中で教師や他の幼児と食べる喜

132　　幼稚園教育要領

びや楽しさを味わったり，様々な食べ物への興味や関心をもったりするなどし，食の大切
さに気付き，進んで食べようとする気持ちが育つようにすること。
(5)　基本的な生活習慣の形成に当たっては，家庭での生活経験に配慮し，幼児の自立心を育
て，幼児が他の幼児と関わりながら主体的な活動を展開する中で，生活に必要な習慣を身
に付け，次第に見通しをもって行動できるようにすること。
(6)　安全に関する指導に当たっては，情緒の安定を図り，遊びを通して安全についての構え
を身に付け，危険な場所や事物などが分かり，安全についての理解を深めるようにするこ
と。また，交通安全の習慣を身に付けるようにするとともに，避難訓練などを通して，災
害などの緊急時に適切な行動がとれるようにすること。

人 間 関 係
〔他の人々と親しみ，支え合って生活するために，自立心を育て，人と関わる力を養う。〕

1　ねらい
(1)　幼稚園生活を楽しみ，自分の力で行動することの充実感を味わう。
(2)　身近な人と親しみ，関わりを深め，工夫したり，協力したりして一緒に活動する楽しさ
を味わい，愛情や信頼感をもつ。
(3)　社会生活における望ましい習慣や態度を身に付ける。

2　内　容
(1)　先生や友達と共に過ごすことの喜びを味わう。
(2)　自分で考え，自分で行動する。
(3)　自分でできることは自分でする。
(4)　いろいろな遊びを楽しみながら物事をやり遂げようとする気持ちをもつ。
(5)　友達と積極的に関わりながら喜びや悲しみを共感し合う。
(6)　自分の思ったことを相手に伝え，相手の思っていることに気付く。
(7)　友達のよさに気付き，一緒に活動する楽しさを味わう。
(8)　友達と楽しく活動する中で，共通の目的を見いだし，工夫したり，協力したりなどする。
(9)　よいことや悪いことがあることに気付き，考えながら行動する。
(10)　友達との関わりを深め，思いやりをもつ。
(11)　友達と楽しく生活する中できまりの大切さに気付き，守ろうとする。
(12)　共同の遊具や用具を大切にし，皆で使う。
(13)　高齢者をはじめ地域の人々などの自分の生活に関係の深いいろいろな人に親しみをもつ。

3　内容の取扱い
上記の取扱いに当たっては，次の事項に留意する必要がある。
(1)　教師との信頼関係に支えられて自分自身の生活を確立していくことが人と関わる基盤と
なることを考慮し，幼児が自ら周囲に働き掛けることにより多様な感情を体験し，試行錯

付　録　133

誤しながら諦めずにやり遂げることの達成感や，前向きな見通しをもって自分の力で行うことの充実感を味わうことができるよう，幼児の行動を見守りながら適切な援助を行うようにすること。

(2)　一人一人を生かした集団を形成しながら人と関わる力を育てていくようにすること。その際，集団の生活の中で，幼児が自己を発揮し，教師や他の幼児に認められる体験をし，自分のよさや特徴に気付き，自信をもって行動できるようにすること。

(3)　幼児が互いに関わりを深め，協同して遊ぶようになるため，自ら行動する力を育てるようにするとともに，他の幼児と試行錯誤しながら活動を展開する楽しさや共通の目的が実現する喜びを味わうことができるようにすること。

(4)　道徳性の芽生えを培うに当たっては，基本的な生活習慣の形成を図るとともに，幼児が他の幼児との関わりの中で他人の存在に気付き，相手を尊重する気持ちをもって行動できるようにし，また，自然や身近な動植物に親しむことなどを通して豊かな心情が育つようにすること。特に，人に対する信頼感や思いやりの気持ちは，葛藤やつまずきをも体験し，それらを乗り越えることにより次第に芽生えてくることに配慮すること。

(5)　集団の生活を通して，幼児が人との関わりを深め，規範意識の芽生えが培われることを考慮し，幼児が教師との信頼関係に支えられて自己を発揮する中で，互いに思いを主張し，折り合いを付ける体験をし，きまりの必要性などに気付き，自分の気持ちを調整する力が育つようにすること。

(6)　高齢者をはじめ地域の人々などの自分の生活に関係の深いいろいろな人と触れ合い，自分の感情や意志を表現しながら共に楽しみ，共感し合う体験を通して，これらの人々などに親しみをもち，人と関わることの楽しさや人の役に立つ喜びを味わうことができるようにすること。また，生活を通して親や祖父母などの家族の愛情に気付き，家族を大切にしようとする気持ちが育つようにすること。

環　　　境
　周囲の様々な環境に好奇心や探究心をもって関わり，それらを生活に取り入れていこうとする力を養う。

1　ねらい
　(1)　身近な環境に親しみ，自然と触れ合う中で様々な事象に興味や関心をもつ。
　(2)　身近な環境に自分から関わり，発見を楽しんだり，考えたりし，それを生活に取り入れようとする。
　(3)　身近な事象を見たり，考えたり，扱ったりする中で，物の性質や数量，文字などに対する感覚を豊かにする。

2　内　容
　(1)　自然に触れて生活し，その大きさ，美しさ，不思議さなどに気付く。
　(2)　生活の中で，様々な物に触れ，その性質や仕組みに興味や関心をもつ。

134   幼稚園教育要領

(3)　季節により自然や人間の生活に変化のあることに気付く。

(4)　自然などの身近な事象に関心をもち，取り入れて遊ぶ。

(5)　身近な動植物に親しみをもって接し，生命の尊さに気付き，いたわったり，大切にしたりする。

(6)　日常生活の中で，我が国や地域社会における様々な文化や伝統に親しむ。

(7)　身近な物を大切にする。

(8)　身近な物や遊具に興味をもって関わり，自分なりに比べたり，関連付けたりしながら考えたり，試したりして工夫して遊ぶ。

(9)　日常生活の中で数量や図形などに関心をもつ。

(10)　日常生活の中で簡単な標識や文字などに関心をもつ。

(11)　生活に関係の深い情報や施設などに興味や関心をもつ。

(12)　幼稚園内外の行事において国旗に親しむ。

3　内容の取扱い

　　上記の取扱いに当たっては，次の事項に留意する必要がある。

(1)　幼児が，遊びの中で周囲の環境と関わり，次第に周囲の世界に好奇心を抱き，その意味や操作の仕方に関心をもち，物事の法則性に気付き，自分なりに考えることができるようになる過程を大切にすること。また，他の幼児の考えなどに触れて新しい考えを生み出す喜びや楽しさを味わい，自分の考えをよりよいものにしようとする気持ちが育つようにすること。

(2)　幼児期において自然のもつ意味は大きく，自然の大きさ，美しさ，不思議さなどに直接触れる体験を通して，幼児の心が安らぎ，豊かな感情，好奇心，思考力，表現力の基礎が培われることを踏まえ，幼児が自然との関わりを深めることができるよう工夫すること。

(3)　身近な事象や動植物に対する感動を伝え合い，共感し合うことなどを通して自分から関わろうとする意欲を育てるとともに，様々な関わり方を通してそれらに対する親しみや畏敬の念，生命を大切にする気持ち，公共心，探究心などが養われるようにすること。

(4)　文化や伝統に親しむ際には，正月や節句など我が国の伝統的な行事，国歌，唱歌，わらべうたや我が国の伝統的な遊びに親しんだり，異なる文化に触れる活動に親しんだりすることを通じて，社会とのつながりの意識や国際理解の意識の芽生えなどが養われるようにすること。

(5)　数量や文字などに関しては，日常生活の中で幼児自身の必要感に基づく体験を大切にし，数量や文字などに関する興味や関心，感覚が養われるようにすること。

言　　葉

〔経験したことや考えたことなどを自分なりの言葉で表現し，相手の話す言葉を聞こうとする意欲や態度を育て，言葉に対する感覚や言葉で表現する力を養う。〕

付　　録　　135

1　ねらい
(1)　自分の気持ちを言葉で表現する楽しさを味わう。
(2)　人の言葉や話などをよく聞き，自分の経験したことや考えたことを話し，伝え合う喜び
　　を味わう。
(3)　日常生活に必要な言葉が分かるようになるとともに，絵本や物語などに親しみ，言葉に
　　対する感覚を豊かにし，先生や友達と心を通わせる。

2　内　容
(1)　先生や友達の言葉や話に興味や関心をもち，親しみをもって聞いたり，話したりする。
(2)　したり，見たり，聞いたり，感じたり，考えたりなどしたことを自分なりに言葉で表現
　　する。
(3)　したいこと，してほしいことを言葉で表現したり，分からないことを尋ねたりする。
(4)　人の話を注意して聞き，相手に分かるように話す。
(5)　生活の中で必要な言葉が分かり，使う。
(6)　親しみをもって日常の挨拶をする。
(7)　生活の中で言葉の楽しさや美しさに気付く。
(8)　いろいろな体験を通じてイメージや言葉を豊かにする。
(9)　絵本や物語などに親しみ，興味をもって聞き，想像をする楽しさを味わう。
(10)　日常生活の中で，文字などで伝える楽しさを味わう。

3　内容の取扱い
　上記の取扱いに当たっては，次の事項に留意する必要がある。
(1)　言葉は，身近な人に親しみをもって接し，自分の感情や意志などを伝え，それに相手が
　　応答し，その言葉を聞くことを通して次第に獲得されていくものであることを考慮して，
　　幼児が教師や他の幼児と関わることにより心を動かされるような体験をし，言葉を交わす
　　喜びを味わえるようにすること。
(2)　幼児が自分の思いを言葉で伝えるとともに，教師や他の幼児などの話を興味をもって注
　　意して聞くことを通して次第に話を理解するようになっていき，言葉による伝え合いがで
　　きるようにすること。
(3)　絵本や物語などで，その内容と自分の経験とを結び付けたり，想像を巡らせたりするな
　　ど，楽しみを十分に味わうことによって，次第に豊かなイメージをもち，言葉に対する感
　　覚が養われるようにすること。
(4)　幼児が生活の中で，言葉の響きやリズム，新しい言葉や表現などに触れ，これらを使う
　　楽しさを味わえるようにすること。その際，絵本や物語に親しんだり，言葉遊びなどをし
　　たりすることを通して，言葉が豊かになるようにすること。
(5)　幼児が日常生活の中で，文字などを使いながら思ったことや考えたことを伝える喜びや
　　楽しさを味わい，文字に対する興味や関心をもつようにすること。

136　　幼稚園教育要領

表　　現

⎡感じたことや考えたことを自分なりに表現することを通して，豊かな感性や表現する力を⎤
⎣養い，創造性を豊かにする。　　　　　　　　　　　　　　　　　　　　　　　　　　　⎦

１　ねらい
　(1)　いろいろなものの美しさなどに対する豊かな感性をもつ。
　(2)　感じたことや考えたことを自分なりに表現して楽しむ。
　(3)　生活の中でイメージを豊かにし，様々な表現を楽しむ。

２　内　容
　(1)　生活の中で様々な音，形，色，手触り，動きなどに気付いたり，感じたりするなどして
　　　楽しむ。
　(2)　生活の中で美しいものや心を動かす出来事に触れ，イメージを豊かにする。
　(3)　様々な出来事の中で，感動したことを伝え合う楽しさを味わう。
　(4)　感じたこと，考えたことなどを音や動きなどで表現したり，自由にかいたり，つくった
　　　りなどする。
　(5)　いろいろな素材に親しみ，工夫して遊ぶ。
　(6)　音楽に親しみ，歌を歌ったり，簡単なリズム楽器を使ったりなどする楽しさを味わう。
　(7)　かいたり，つくったりすることを楽しみ，遊びに使ったり，飾ったりなどする。
　(8)　自分のイメージを動きや言葉などで表現したり，演じて遊んだりするなどの楽しさを味
　　　わう。

３　内容の取扱い
　上記の取扱いに当たっては，次の事項に留意する必要がある。
　(1)　豊かな感性は，身近な環境と十分に関わる中で美しいもの，優れたもの，心を動かす出
　　　来事などに出会い，そこから得た感動を他の幼児や教師と共有し，様々に表現することな
　　　どを通して養われるようにすること。その際，風の音や雨の音，身近にある草や花の形や
　　　色など自然の中にある音，形，色などに気付くようにすること。
　(2)　幼児の自己表現は素朴な形で行われることが多いので，教師はそのような表現を受容し，
　　　幼児自身の表現しようとする意欲を受け止めて，幼児が生活の中で幼児らしい様々な表現
　　　を楽しむことができるようにすること。
　(3)　生活経験や発達に応じ，自ら様々な表現を楽しみ，表現する意欲を十分に発揮させるこ
　　　とができるように，遊具や用具などを整えたり，様々な素材や表現の仕方に親しんだり，
　　　他の幼児の表現に触れられるよう配慮したりし，表現する過程を大切にして自己表現を楽
　　　しめるように工夫すること。

付　録　137

第3章　教育課程に係る教育時間の終了後等に行う教育活動などの留意事項

1　地域の実態や保護者の要請により，教育課程に係る教育時間の終了後等に希望する者を対象に行う教育活動については，幼児の心身の負担に配慮するものとする。また，次の点にも留意するものとする。

(1)　教育課程に基づく活動を考慮し，幼児期にふさわしい無理のないものとなるようにすること。その際，教育課程に基づく活動を担当する教師と緊密な連携を図るようにすること。

(2)　家庭や地域での幼児の生活も考慮し，教育課程に係る教育時間の終了後等に行う教育活動の計画を作成するようにすること。その際，地域の人々と連携するなど，地域の様々な資源を活用しつつ，多様な体験ができるようにすること。

(3)　家庭との緊密な連携を図るようにすること。その際，情報交換の機会を設けたりするなど，保護者が，幼稚園と共に幼児を育てるという意識が高まるようにすること。

(4)　地域の実態や保護者の事情とともに幼児の生活のリズムを踏まえつつ，例えば実施日数や時間などについて，弾力的な運用に配慮すること。

(5)　適切な責任体制と指導体制を整備した上で行うようにすること。

2　幼稚園の運営に当たっては，子育ての支援のために保護者や地域の人々に機能や施設を開放して，園内体制の整備や関係機関との連携及び協力に配慮しつつ，幼児期の教育に関する相談に応じたり，情報を提供したり，幼児と保護者との登園を受け入れたり，保護者同士の交流の機会を提供したりするなど，幼稚園と家庭が一体となって幼児と関わる取組を進め，地域における幼児期の教育のセンターとしての役割を果たすよう努めるものとする。その際，心理や保健の専門家，地域の子育て経験者等と連携・協働しながら取り組むよう配慮するものとする。

編著者紹介

村 内 哲 二（むらうち　てつじ）

1924 年生，東京高等師範学校・東京文理科大学卒（教育学専攻），文部省初等中
等教育局教科調査官，東京学芸大学教授，同附属竹早小学校・同幼稚園　校長・
主事，聖徳大学教授等を歴任．東京学芸大学名誉教授

執筆者紹介　　　（五十音順）

川上　哲夫　（山梨県立大学名誉教授）

九津見　優　（前聖徳大学）

熊田　藤作　（前東京家政大学）

田中　陽子　（山梨県立大学名誉教授）

原　　健爾　（前淑徳短期大学教授）

久田　　淳　（前武蔵野短期大学）

保育内容　造形表現の指導〔第 4 版〕

1991年(平成 3 年) 4 月 1 日	初版発行〜第 9 刷
1999年(平成11年) 8 月 1 日	第 2 版発行〜第 9 刷
2009年(平成21年)10月 1 日	第 3 版発行〜第 5 刷
2019年(平成31年) 1 月10日	第 4 版発行

編 著 者　　村　内　哲　二
発 行 者　　筑　紫　和　男
発 行 所　　株式会社 建 帛 社
　　　　　　　　　KENPAKUSHA

112-0011 東京都文京区千石 4 丁目 2 番 15 号
T E L　(03) 3 9 4 4 − 2 6 1 1
F A X　(03) 3 9 4 6 − 4 3 7 7
https://www.kenpakusha.co.jp/

ISBN 978-4-7679-5111-9 C 3037　　　　　壮光舎印刷／田部井手帳
©村内ほか，1991，2019．　　　　　Printed in Japan.
（定価はカバーに表示してあります）

本書の複製権・翻訳権・上映権・公衆送信権等は株式会社建帛社が保有します。
JCOPY 〈出版者著作権管理機構　委託出版物〉
本書の無断複製は著作権法上での例外を除き禁じられています。複製される
場合は，そのつど事前に，出版者著作権管理機構（TEL 03-5244-5088，
FAX 03-5244-5089，e-mail：info@jcopy.or.jp）の許諾を得て下さい。